羅曼羅蘭格言集

林郁 主編

前　言

於是他對一個孩子說：

——「我們終究到了！孩子，你多麼沈重！你究竟是
　　誰啊？」

孩子回答：

——「我是即將到來的日子。」

《約翰‧克利斯朵夫》中的最後一段對白，廿餘年前
閱讀此書時，帶給我心靈無比震撼，使我熱淚盈眶，久久
不能自己⋯⋯

如果我們說，托爾斯泰是十九世紀人類史上最偉大的
文學思想家，那麼羅曼‧羅蘭無疑就是二十世紀最偉大的
人道主義者。

羅曼‧羅蘭留給全世界人類相當豐富的智慧遺產。他
是文學家，也是優秀的評論家，更是熱中於人道主義的社
會改革者。從他的作品中，不難看出他擁抱大愛，期盼人
類脫離痛苦，游向光明之彼岸的熱切心情！

羅曼‧羅蘭（Rolland, Romain, 1866.1.29～
1944.12.30），法國小說家、劇作家、隨筆思想作家和二十

世紀法國文學偉大的神祕主義者之一。

　　他生於法國的一個小市鎮克拉姆西。十四歲時前往巴黎求學，後考入高等師範學校，拋棄宗教信仰，喜讀斯賓諾莎和托爾斯泰的作品，養成了對音樂的興趣，並研究歷史。一八九五年獲藝術博士學位。其後前往義大利，在羅馬法國考古學校進修兩年。一九一二年，在短期任教後辭職，專事寫作。他的第一部小說《約翰‧克利斯朵夫》（10卷，一九〇四～一九一二）和一本小冊子《超乎混戰之上》（一九一五）的出版，使他獲一九一五年諾貝爾文學獎。後者呼籲德、法兩國在第一次世界大戰的鬥爭中尊重真理和人性。他的思想成為當時激烈爭論的焦點。直到一九五二年他的《戰時日記》發表，才被人們徹底理解。一九一四年遷居瑞士，一九三一年返回法國。

　　本書乃是本著羅曼‧羅蘭的信念──「愛與生活」出發。我們試著以現代精神為著眼點，去開拓他的作品，希望對讀者諸君能有所助益！最後──願那一頁頁詩篇，像自由的風般吹拂著我們……

PART 1

愛的真諦

愛，存在於萬物誕生之際；

愛，是其後思想之產物……
　　——《被蠱惑的靈魂》

假使即將愛上一個人，
或者已經愛上一個人，
就去愛吧！
但「愛」究竟是怎麼一回事呢？
正確地說，是兩個相愛的人互訴衷曲，
沒有祕密，溫柔而不厭其煩地噓寒問暖……
　　——《被蠱惑的靈魂》

你要掛在府上的，
不是我美麗的肖像。
我是個活生生的女人，
有自己的意志、自己的熱情、自己的思想……
　　——《被蠱惑的靈魂》

戀愛如同藝術，
不是閱讀他人的敘述即可完成，
必須將自己的感受訴說出來。
在不該有任何話語之前，
便毛躁地想要說出，
其結局可能什麼也沒說到，便結束了。
　　——《約翰·克利斯朵夫》

對於年輕的心靈而言，

戀愛是一種強烈的愉悅。
其它還有什麼信仰，能跟變愛同時並存呢？
——《約翰·克利斯朵夫》

天真的人和狡猾的人一樣，

當他們戀愛時，

總是為自己著想，

決不為女人著想。

無論在精神或肉體方面，

他們拒不承認女人是離開他們而獨立存在的個體。

愛情恰好是能在這一點上教育他們的一種考驗。

它只能教育善於學習的那一小部分人。

但在一般情況下，

這種人和他們的對手總要吃了虧才受教，

等到他們最後明白過來，

已經晚了。若干世紀以來，

人們哀嘆男女之間不可挽救的對立、鬥爭。

這種愛情的苦果，

這種團圓好夢之破滅所引起的驚訝，

是他們一開始即認為錯誤的特點。

因為，什麼叫作「愛」？

難道不是「愛另一個人」嗎？

——《內心的旅程》

一個人的愛或不愛，

終究是不能自主的。

——《約翰·克利斯朵夫》

就如同帕斯卡所說：

「完全的透明對知性無益，反而可能折損意志。」

我不喜歡強迫得來的愛，

更不喜歡知性所不認同的真理。

我的精神會在所有型態的真理所在處尋找真理。

對於真理的各種形態，

我付出了所有的愛與敬意、所有愛的信念。

但是，只說愛是遠遠不夠的，

我還娶了「她們」，

並與我的這些新娘互通呼吸與精氣。

——《回憶錄》

不論哪個國家的人，

都要各自仔細推敲自己的意識（良心、自覺），

改善自己的苦惱，

並且就像選擇適合自己的襯衣一般，

非得要具有完整的精神上之正直與勇氣不可。

——《內心的旅程》

一個人真愛的時候，

甚至會想不到自己愛著對方。

—— 《約翰·克利斯朵夫》

兩條規則——

第一是尊敬「真」。

這是本質上的規則。

缺少了這條規則，

最美麗的臉龐將只不過是一張面具，

所有的勝利也只能成為一種不名譽罷了……

所以，要對自己真實。

超越或不及自己所真正相信的，絕不多說一句；

不管生命的火焰與各種熱情如何劇烈地燃燒，

也不因而毀滅精神上的正直；

即使是在肉體的迷亂與感情所設下的陷阱之中，

也要保持清晰的精神視力。

第二是「愛」——人類的愛。

愛彼此、同甘共苦。

即「共同感受」。

—— 《內心的旅程》

托爾斯泰說：「沒有吃過任何苦的人、沒有生過病的人、健康——非常健康——一直都很健康的人……這樣的人是怪物哪！」

—— 《被蠱惑的靈魂》

理解，這有什麼作用呢？

理解，就是解釋。

而愛是不需要解釋的……

——《母與子》

你只有向愛情屈服以後，

才能真正認識愛情。

在共同生活的最初幾年，

生活的和諧非常脆弱，

往往只要兩個愛人之中的一個有些極輕微的轉變，

就可能把一切都毀掉。

——《約翰·克利斯朵夫》

巴黎人的戀愛氣質——

戀愛只須一點點認真就夠了。

太認真的話，可就麻煩了。

因為那會成為一種負擔，

使彼此更不快樂。

——《被蠱惑的靈魂》

美麗之容貌的魅力，

是如何地使我興奮啊！

但這種喜悅對我而言，

是不存在於這世上的……

——《米開朗基羅》

戀愛是一場決鬥，

一旦左顧右盼，便會敗陣……
—— 《被蠱惑的靈魂》

若沒有你來填滿我，

我的心將是一片荒野……

啊！就像高爾基所說，

愛一個人是多麼美妙啊！

為什麼會愛上一個人？

這是不可理解的。

只知道自己愛著這個人，

而且他的愛能讓我死而復活……

—— 《被蠱惑的靈魂》

· 利貝拉　雅各伯的夢

初期的愛情，

只需要極少的養料！

——《約翰·克利斯朵夫》

「那麼，你到底如何看待婚姻？」

「婚姻是以利益與快樂為目標的聰明之結合。

人生是人與人共同經營的葡萄園；

他們一起栽培、一起收穫。

但是，並不是非得一直喝著兩個人

共同釀造的葡萄酒不可。

彼此想讓對方快樂的感覺，

會使人願意去尋求並給予彼此快樂的果實。

若彼此都抱持這個觀點，

就應該讓對方在其它地方也能得到這樣的收穫。」

「你是在談通姦的自由嗎？」安內德說。

「那是過時的說法！

我說的是戀愛的自由。

它是所有自由中最真實的自由。」

「對我而言，那是最無聊的自由。」

安內德說：「婚姻對我來說，

並不是任何一個路過的人，

我都可以將自己奉上的十字路口。

我只將自己獻給一個人。

但如果我已不愛她，

而且愛上了別人，

我會立即和她分手。

我無法將自己分給兩個人⋯⋯

人在戀愛的時候，

自己什麼東西也不想保留下來。

——《母與子》

我不受分割。」

「那麼，你也是個高尚的舊派人士囉？」馬歇爾問道。

「婚姻獨有之美，

在於它是唯一的愛、兩顆誠實之心的聯結。

如果失去這一點，還能留下什麼？

除了一些現實利益之外，還有什麼？」

「那也並非毫無意義呀！」馬歇爾說。

「但是，那可不夠補償所犧牲掉的啊！」

「你抱持那樣的想法，能夠毫無怨尤嗎？

別人已把你從鎖上解放下來，

你卻又釘死那道鐵鎖。」

「我想要的不是感情上的自由。

即使我的感情給了別人，

我仍感覺到自己保有感情上的純潔，

以及不受到污染的那種堅強的存在。」

——《被蠱惑的靈魂》

沒有人能夠不忘卻而存活著吧！

悲傷的忘卻，常能讓人甦醒過來……

——《被蠱惑的靈魂》

「看看我！難道我沒有一雙好腳嗎？」

「是好腳，很美的腳！」他說。

「不是！」她用手指裝出嚇唬人的樣子：

「我不是問這個。我是問你，我是個雙腳健全的人嗎？」

「是啊！我正喜歡這樣的妳。」

「若是這樣，請讓我跟別人走。

你很好，非常好，我覺得很榮幸。

但是，無論如何，請讓我走。

我不是個害怕路途勞苦的女人，

但唯一能奪走我這種毅力的，

就是我生存的欲望。

我的感覺是……你擁有半個家，

並且為我省去奔波與抉擇的困擾……

事先準備好一切，一開始就讓我無牽無掛。

你的生活是如此，整個家的生活是如此，

我的生活是如此，我們的未來也將是如此。

但我不打算這樣！

從現在開始，我要去追尋。

我知道，我一定要去尋找我自己……」

——《被蠱惑的靈魂》

你對一個人的了解，

用一分鐘的愛情比幾個月的觀察會更有成績。

——《約翰·克利斯朵夫》

「我根本不想結婚。

我不想去適應那種獨佔的關係。

你說，有幾百萬個女人滿足於婚姻。

但我偏偏太過認真，想得太多。

我就是這樣的人，對任何事我都認為，

如果我要付出自己，就得完完全全付出，

直到我嚥下最後一口氣，

就像在脖子上綁著一塊石頭之後跳下水的感覺一樣。

這大概是因為我並非十分堅強的緣故吧！

「我的人格並不穩固。

太強的羈絆像藤草一樣，會吸走我的精力，

然後我就什麼也無法留下了。

一旦我讓對方喜歡上我，

我就會拚命變成對方所希望的理想，

於是不好的結果便會產生。

人一旦捨棄自己的本性，

也就失去了對自己的尊重，再也無法生存下去。

要不然就是反抗，讓別人也跟著受苦……

我可以一個人生活下去。」

——《被蠱惑的靈魂》

理性與愛，

是激烈的擁抱、結合在一起的熱情及信仰。

——《托爾斯泰傳》

他的精神正進行一項奇妙的作業——

他愛上了她……

但是，不只母親堅決反對他和她結婚，

連他自己也覺得自己似乎還未下定決心。

這其中有很多理由——

怨恨、受傷的虛榮心、道德上的指責、

人世間的困惑、嫉妒的反感等等……

但是，他並不想固執於這樣的理由……

「唔！我了解你的心情。

只是，請不要將你的心情表現出來……」

他的心正在思索著——

同時能滿足他潛在的理由與自己的欲望之對策。

她曾證明她過去是個對戀愛抱持自由之觀念的女人。

然而，他無法認同這一點，無論如何也沒辦法。

因為如果她是這樣的女人，

為什麼對她所愛的他，

現在卻不是如此呢？

他沒有坦誠地說出這一點。

他把不可能結婚的理由當作擋箭牌……

——《被蠱惑的靈魂》

只有一件東西是確實的，

那就是現在──自己的現在。

把我們永遠不變的東西全都投注於現在吧！

──《皮耶與盧斯》

該做什麼？

從曖昧不清之中逃出來，盡早！

不論要付出什麼代價！

因為，一旦確信在這種糾結中不可能再生存下去，

便將與明日絕緣。

──《被蠱惑的靈魂》

男人可笑的要求，

是當他想要她，

而她也真心想委身於他時，

他卻視她那非常值得寬容的行為為不貞。

──《被蠱惑的靈魂》

兩顆相愛的心靈自有一種神祕的交流──

彼此都吸收了對方最優秀的部分，

為的是要用自己的愛把這個部分加以培養，

再把得之於對方的還給對方。

──《約翰‧克利斯朵夫》

結了婚的朋友，

不管再怎麼努力，

都已不再是昔日的朋友。

——《約翰·克利斯朵夫》

愛情的決鬥只有在決鬥的雙方勢均力敵的時候，

才能夠保持決鬥的高尚品質。

一到有一方處於劣勢，

優勝者就會濫用其優勢，

而失敗者就自卑自賤起來。

——《母與子》

一朝離別，

愛人的魔力更為加強。

我們的心只記著愛人身上最可寶貴的部分。

遠方的朋友傳來的每一句話，

都有些莊嚴的回聲在靜默中顫動。

——《約翰·克利斯朵夫》

如果只有自己一個人，

或許還能夠接受她的過去。

然而，在世人面前，他不能夠如此。

他並且讓自己以為這是遵從自己的良知之結果。

他沒有娶自己想要的女人為妻的勇氣。

他把自尊心掃地視作名聲……

——《被蠱惑的靈魂》

人們說：妻子是丈夫的一半。

我想，的確如此。

因為結了婚的男人已變成半個男人。

——《約翰·克利斯朵夫》

任何一種愛都自有其本質。

當愛的本質開花，

其它東西便會枯萎。

肉體上的愛不值得尊敬，

而值得尊敬的愛不能只沈溺於享樂……

——《被蠱惑的靈魂》

在愛情上，平分是卑鄙的。

我寧願成為受害者，成為劊子手，

但我不願意做一個卑鄙的人。

為了挽救我之所愛，我不願出讓一半。

要嘛全部給人，要嘛全部都要；

或者，什麼都不要。

——《母與子》

在愛情上，有一點兒嚴肅是好的。

可是，不要太過分。

不然，愛情就成了一種苦役，

而不再是一種樂趣了。

——《母與子》

把心給戀人，

把唇給所愛的人，會讓眼睛熠熠發光喔！
那不是付出，而是得到！
——《皮耶與盧斯》

生活的苛刻賜予她新的力量，

其最大的恩惠便是讓她驅走了過去數年以來

一直深深毒害著她、煩惱著她的那份對愛的眷戀——

那是多麼笨拙、多麼激情啊！

她了解到她過去是如何地為一些令人感傷的夢想，

或是甜蜜的感覺、愛戀，

以及偽善的官能上之欲求，

成為一個索然無味的人。

只要想到這些，她便覺得噁心。

面對生活的嚴苛，並接受它的傷害，

自己便不得不變得嚴苛起來。

這挺好，是賜予人活力的泉源。

自己的這部分——可能是最好的一部分，

且的的確確是自己最健全的一部分，

正完完全全在甦醒當中……

——《被蠱惑的靈魂》

「媽媽，神是什麼？」母親答道：

「孩子，我不知道呢！」

「那，妳知道些什麼？」

母親微笑著抱起孩子說：「我知道要愛你呀！」

——《被蠱惑的靈魂》

我愛我所懷念的苦楚……
——《被蠱惑的靈魂》

男人——值得我們去愛的男人，
不可能像對待他們自己的思想、
藝術或政治那般愛我們！
自以為是思想的化身，並且無私無欲，
那可真是可喜可賀的利己主義啊！
不帶感情且頗具殺傷力的知性利己主義，
它曾砸碎了多少感情啊！
　　——《被蠱惑的靈魂》

雖然我的年歲大了，
但我有一顆不老的心。
不管我的心多麼苦，
我仍然以愛為喜悅……
　　——《被蠱惑的靈魂》

不能不小心的是，
你有使你所愛之人受苦的危險技巧。
當然！你自己根本沒有發覺。
所以，那更可能成為一種技巧……
你必須中止這種技巧。
　　——《被蠱惑的靈魂》

在愛情中，

除了愛的力量之外，別的都不算數。
這個強烈的磁鐵，
將一個人的靈魂與肉體深深地嵌入另一個人身內。

——《母與子》

為了得到別人的信賴、愛與尊敬，他變得極為謙遜。
只有被囚禁在他理性的柵欄內之靈魂渴望生存時，
靈魂之根才會為了汲取大地的鮮血而跨越柵欄。

——《被蠱惑的靈魂》

我們並不喜歡表現出自己的感動。
我們辛辛苦苦地將感謝之心或感情隱藏起來，
不讓對方看到。
但是，「埋在好土裡的，反而能好好地生根、發芽。」
那天夜裡撒下的種子，
已在我的心中長成一顆壯碩的大樹。

——《被蠱惑的靈魂》

在愛情中間，
往往是性格比較弱的一個給的多。
並非性格強的人愛得不夠，
而是因為他強，所以非多拿一些不可。

——《約翰‧克利斯朵夫》

他們雙唇相觸，

睫毛與睫毛輕輕地碰在一起；
他們彼此相憐地微笑，深情地互視。
他們從不厭倦這樣的愛——最純潔的神聖情感。
——《皮耶與盧斯》

「不該說的，就去做！」基督說。

那麼，理性的活動是什麼？——那便是愛。

「愛是人類唯一的理性活動，

靈魂深處最合理、最清楚的狀態。

需要愛的一切一切，

是唯一能讓愛成長的東西。

絕對不要遮蔽理性的太陽！

愛不只能夠解決人生所有的矛盾，

消除死亡的恐懼，

還可以讓人們為別人犧牲。

它是真實的善，最高境界的善。

因為，除了為自己所愛的人犧牲自己的生命之外，

再也沒有其它的愛可以稱為愛。

除了犧牲自我外，

世上沒有任何配得上愛這個稱呼的東西……」

——《托爾斯泰傳》

在湛藍的微風中思考愈深，

我的步伐愈能跟隨輕快、爽朗、雄壯的旋律前進！

——《黎留里》

幸福的夜晚沒有故事。

愛的擁抱始於夢幻，也終於夢幻。

不知思維何時甦醒……

——《被蠱惑的靈魂》

每個人的心底都有一座埋藏愛人的墳墓。

他們在其中成年累月地睡著，

什麼也不來驚醒他們。

可是，早晚有一天——我們知道的——墓穴會重新打開，

死者會從墳墓裡出來，

用她褪色的嘴唇向愛人微笑。

她們原來潛伏在愛人胸中，

像兒童睡在母胎裡一樣。

——《約翰·克利斯朵夫》

愛情的氣息像陣熱風，火熾的熏蒸，

使你骨節鬆散，心兒癱軟無力，

隱祕的快感，使你感到非常困乏，

不敢動彈，不敢思想……

靈魂，蜷伏在它的好夢中，

不敢從夢中醒來。

——《母與子》

一個人戀愛的時候，

對什麼思想都不在乎。

——《約翰·克利斯朵夫》

在適於戀愛的青春時代，

所有人的眼睛都注視著戀愛，

他們不定的心貪婪地一次又一次獵捕戀情，

卻不急著下定決心。

因為他們的一天不過剛剛開始……

——《皮耶與盧斯》

・利貝拉　聖巴托羅繆的殉教

能使你所愛的人快樂，

不是世界上最大的幸福嗎？

——《約翰‧克利斯朵夫》

由於他天生的厭世觀，

以及她對根本不可能結合的愛情之了解與洞察⋯⋯

他們急著用夢想玩味愛情。

他們彼此隱瞞對方，

自己卻確信這只不過是一場夢罷了！

他們各自都以為自己手握著這個祕密，

並深深憐惜、小心呵護，不讓對方的夢想破滅。

——《皮耶與盧斯》

愛就是喪失理性。

——《約翰‧克利斯朵夫》

想知道事物的原委，

是因為對它缺乏自信，

因為它不是好東西⋯⋯

因為愛，所以沒有理由，

何處、何時、為何、如何等等，都屬多餘。

只因為我愛，如此而已⋯⋯

——《皮耶與盧斯》

所摯愛的對象，

每個都是幻覺⋯⋯

那簡直就是一種「蠱惑」。

——《被蠱惑的靈魂》

為了讓活動、學問展現意義，

人生便不能沒有意義。

然而，不論精神如何努力，

內心如何祈求，都不能得到人生的意義。

但是現在，人生的意義自動出現了，

人生變得有意義了⋯⋯

這是怎麼一回事？

當他在尋找這個內心的微笑是從哪裏來的時候，

他的眼裡出現微笑的嘴唇，

他的唇想一親芳澤⋯⋯於是，他燃燒起來。

——《皮耶與盧斯》

每一種愛情都必有它精粹的本質，

一種本質鮮花怒放，

另一種本質就枯萎了。

肉體之愛不需要互相尊重。

互相尊重的愛情，

不能貶低為單純的享樂。

——《母與子》

・利契・謝巴斯提亞諾　維納斯與邱比特

不管怎樣的人，

在死之前，
都不能說是幸福的。
——《托爾斯泰傳》

「不知而犯罪和明知故犯的人，哪一個人的罪重？」
「不知而犯罪的人。」
「兩個人拿著燒紅的鐵棒，誰受的燙傷更嚴重？
知者還是不知者？」
「燙傷更嚴重的是不知道的人。」
——《被蠱惑的靈魂》

在文明的格鬥中，
我想要重覆安蒂岡妮（希臘神話中的悲劇人物，伊底帕斯
的女兒。以下所舉之言出自希臘悲劇作家索福克勒斯的
《安蒂岡尼》）的名言：
「我是為愛而生，不是為憎恨而生。」
——《約翰·克利斯朵夫》

「單純（愚蠢）比罪惡還要罪惡！」
席拉夫人的智慧、印度人的智慧、法國人的智慧……
所有智慧的共同點是——「不要變成笨蛋！」
每個地方都一樣，任何國家的人民都不是傻瓜。
——《約翰·克利斯朵夫》

惡德始於習慣之初。

習慣是鐵銹，
會侵蝕建造靈魂的鋼鐵。
——《回憶錄》

自己必須想通——

向丈夫要求愛情，

無異於用篩子汲水的狂人……

想一想，

自己想要的東西和可以得到的東西有什麼不同？

年輕時的夢想和壯年或上了年紀之後

想要的東西有什麼不同？

我感謝一切，也覺得一切都很有意思。

但到底哪一個才是真實，

我自己也不清楚。

——《高拉・布洛寧》

批判式的精神並非他的特徵。

儘管他的判斷出現無數錯誤，

他仍舊滿意自己的人生。

他的那些錯誤經常和人們想要的不同，

但他解釋，那是為了別人好。

所以，儘管人們說的盡是些嘲諷的話，

卻仍舊對他抱著好感。

——《克勒蘭堡》

一個人愛的時候，

並不慈悲。

——《約翰·克利斯朵夫》

他的雙手血脈擴張，

紅色小點慢慢擴大，

她也覺得面紅耳赤起來，

青春的魅力顯現在額頭和下顎。

他們的眼睛似乎在追尋什麼，

像是做夢般，一點都沒有夢醒的跡象。

——《克勒蘭堡》

在半法律的言詞中，

愛被束縛於性、年齡與社會階級上，

並且根據是否符合必要條件，

判斷是否自然、是否正當。

但那不過是取自「愛」之深泉的一瓢水罷了……

愛是在時間與空間裡，

與所有一切遠離而形成，

它超越世紀，連接生者與死者的思想，

用緊密的清澄之繩，

連接年輕人與老人的心……

在父親與孩子們之間，

時而會有他們意識不到的這種關係存在。

——《克勒蘭堡》

三種異常性格中的首位——

只愛自己，危害自己最深；

第二個——同性戀，危害人類種族最深；

第三個——對近親的愛，則會危害社會。

——《回憶錄》

「我可愛的人兒，

今天正是證明你是否真的愛我的日子。

所謂戀人，就是在得到一切時，

也相對地失去所有。

戀愛，最重要的便是付出自己。

沒有完全付出自己的人，

只能站在戀人的門口……」

——《黎留里》

面對公眾，精神需要多麼驚人的謹慎啊！

公眾卻又表現出多麼令人不可思議的羞恥心啊！

那樣的公眾，可以說是由臉紅羞怯的處女所聚集起來。

一旦在他們面前認真說一些雞毛蒜皮的小事，

他們便會立刻做出美德受到損害的表情；

而且他們全體……對！他們所有的人，

不都用他們的眼、手、口及思想去看、觸摸、行動的嗎？

在他們積極或消極的生活中，在事實或心中，

他們沒有被賦予任何可以輕視所討厭的事物之權利。

——《回憶錄》

為了能夠真正看清事物，

不論是多麼有利的迷信，都非得避開不可。

這便是「必要且不可或缺」的條件。

不要迷信，要像孩子一樣，或者像笛卡兒一樣……

——《托爾斯泰傳》

關於性的賭博——人類最大的賭博——的一切也一樣。

社會決定了玩這場賭博的人之間的關係及規則。

它承認某些東西，也否認某些東西。

社會利用自然這個擋箭牌，

保護它所承認的各種關係。

而社會視其它關係為罪惡，

也是借自然之名——

自然就是一切，一切都在自然當中。

人類依其意識，強行制定了自然的秩序。

這卻不見得是自然的本意。

所以，現在只能祈求神明能常保人類的正直。

如果是為了人類的偉大之處，

與生生不息的夢想而需要法則，

要求法則便是人類的正當權利，

而人類的義務則是服從自己制定出來的法則。

但是，絕不要成為這個法則的奴隸，

應該了解制定這個法則的各種理由，

並徹底領悟這個法則的各種界限。

——《回憶錄》

幸福是世界之律動的一瞬間，

是生命之擺錘往來的兩極。

為了使擺錘停止，除了破壞它以外，別無它途……

——《約翰·克利斯朵夫》

人類所追求的快樂常常是可憐且奇怪、無趣之物。

有不快樂的清教徒精神的人，

被隔離在諸多溫暖的動物生命之源以外。

對於自己的許多喜悅或必然性只感到羞恥的人，

他們之所以會如此驅逐快樂之光，

一定是因為他們非常欠缺生命的陽光，

或是因為像人一般的樹液乾涸了的緣故。

——《回憶錄》

現代最大的罪惡，是抽象的人類之愛——

在遙遠某處的非人格之愛。

愛不認識的人、愛絕不會碰面的人，

其實很簡單，不僅沒有任何犧牲的必要，

並且可以完全滿足自己！

如此便該去算計良心嗎？

不！不是如此。

而是應該去愛鄰人，

愛與我們共同生活，

且為我們帶來麻煩的人。

——《托爾斯泰傳》

PART 2

給女性的話

就算是最善良的女人，

心裏往往也有黑暗的曲徑，
刺不透的冷酷，有怨有恨。
——《米開朗基羅》

愛情在女子身上，
不但喚醒了戀人，
而且喚醒了母親。
她自己不知道，
這兩種企望，
已融合成為一種情感。
——《母與子》

人們徒然知道自己沒有權利，
自以為毫無嫉妒之意。
一個女人決不會心甘情願做另一個女人的朋友，
若是這個女人和她所認識的男子有夫婦關係的話。
——《母與子》

凡是一個女人需要愛人、
需要被人所愛的那種獨占的欲望、
只能以自己的孩子為對象時，
母性往往會發展過度，成為病態。
——《約翰‧克利斯朵夫》

一個賢淑的女人，

是塵世間的天堂。

——《約翰・克利斯朵夫》

她是女人，好比一道沒有定形的水波。

她所遇到的各種心靈，

對於她彷彿各式各樣的水瓶，

可以由她為了好奇，或是為了需要，

隨意採用它們的形式。

她要什麼格局，就得借用別人的。

她的個性便是不保持她的個性。

她必須時常更換她的水瓶。

——《約翰・克利斯朵夫》

一個美貌的少女可能把愛情當作一種殘忍的遊戲。

她認為人家愛她是挺自然的，

可是她只對自己所愛的人負責。

她真心相信：誰愛上她，就夠幸福了。

——《約翰・克利斯朵夫》

男性創造作品；

女性創造男性。

——《約翰・克利斯朵夫》

我們雖逃不過戀愛的煩惱，

卻可以事先預防，
免於淪為戀愛的玩偶。
——《愛與死的追逐》

對工作熱中的女性，
不管自己所從事的是什麼工作，
都以成果不好便難以忍受的心情面對工作。
——《被蠱惑的靈魂》

母親、姊妹、女友、戀人啊！
只要妳們期盼，
男性靈魂的誕生便操縱在妳們手裡。
妳們把男性當作孩子般抱在手裡。
而在尊敬及深愛的女性身邊，
男性往往就是個孩子。
妳們為何不指引男性？——
舉我個人為例，我所得到的最好的東西，
或者一點點好東西，
便全都來自妳們當中的某些人。
——《先驅者》

一個最智慧的婦女在閱讀時，
決不會完全處於忘我的狀態，
因為她內心的浪潮非常洶湧。
——《母與子》

女性的本質是——

深刻、盲目，確切地加入大自然法則中的本性。

——《被蠱惑的靈魂》

恆常不變的女性常賜予男性最佳的刺激力量。

——《約翰‧克利斯朵夫》

上帝知道她的女性想像力，

滿腦子從小說中學到的學問，

將要建築什麼空中樓閣！

——《母與子》

女人到處都會無意識地創造自己的氛圍。

——《約翰‧克利斯朵夫》

女性有她們自己的弱點——

她們是感情的奴隸。

當她們愛上某人時，

不會想去理解什麼。

因為，她們認為感情和理論沒有多大關係，

感情有它自己的理論。

所以，如果在愛情當中出現自己不喜歡的事實，

她便不會去正視它。

——《羅蘭未發表的備忘錄》

女性很難應付！

因為她有七個靈魂。

——《被蠱惑的靈魂》

女性能做深度的心理解剖，

更有清澈無比的目標。

隱藏於所愛之人表情上的任何小波紋，

都逃不過她的眼睛。

對她來說，那些小波紋就像是地圖上的山川一般清楚⋯⋯

但她會騙人！

她的指尖會讓她不中意的眼睛、鼻子消失，

並照她喜歡的樣子重現⋯⋯

——《羅蘭未發表的備忘錄》

戀愛，

在某個時期，會令人嚮往終身服役。

人類面對著太陽說：「我趕不上你⋯⋯」

其實，向自然挑戰，原本就是強人所難。

——《被蠱惑的靈魂》

「黑洞」指的是——

迷妄盲目的信仰、血淋淋的犧牲與不可理解的社交界。

——《戰時的日記》

在戀愛之上，

無法架構起任何建築物……
——《被蠱惑的靈魂》

我用繁複的方式養育我的兒子。
雖然我信賴他誠實的本質和意志，
也相信總有一天，
我和他能達到調和，
但這並不意味著毫無危險，
也並非明日便能達成。
——《被蠱惑的靈魂》

即使是最貞潔的婦女，
並不是獻出身體，
而是獻出精神的婦女，
也是獻身於能使婦女孕育的男子，
有意志、有作為的男子。
——《母與子》

一個女性，不論她多麼庸俗，
如果是為了滿足她殘酷的本能，
在觀察她的受害人的心理方面，
總是相當精明的。
——《母與子》

人生好比一座工廠，

這裡不曾休業，
也沒有給怠惰的人立足的地方。
——《被蠱惑的靈魂》

做母親的只完成了一半的男人，
剩下的一半就是妻子的工作。
——《被蠱惑的靈魂》

她雖然對這個世間以及世人一無所知，
但她有與生俱來，
透視人類靈魂的洞察力，
並且因為其不幸的遭遇，變得更加敏銳。
——《被蠱惑的靈魂》

我不是壞女人！
但是，不刺自己一下，
怎能知道被針刺的疼痛？
我只不過是開開玩笑罷了！
自己先吃些苦，
下次讓別人吃點苦頭時，
也許會變得很有意思。
我可是個風情萬種的女人呢！
——《花之復活節》

我在這孩子身上看到一個世界──

一個正在成長的世界。

而且，我也和這個孩子一同成長。

──《被蠱惑的靈魂》

女人的愛情專門馴服天才，

使天才水平化，

並為其切枝削葉，噴上香水。

天才逐漸變成和她自己的感受一樣──

小小的虛榮心、平凡，

以及與她自己平凡的社交界同等程度的模樣。

──《約翰‧克利斯朵夫》

某些女人只有一個想法──

看見花兒，就不想把它插在花瓶裡；

看見小鳥兒，就不想把牠關在籠子裡；

看見自由的人，就不忍置他為僕。

──《約翰‧克利斯朵夫》

說起來真可怕！

最受人喜愛的人，

總是盡其所能，

不讓他對家人的愛受到考驗。

──《高拉‧布洛寧》

即使最好的婦女，

至多能寬恕他人的無禮，
卻永遠也忘不掉。

——《母與子》

我以後該怎麼辦？

我非得找個孩子們的家棲身不可！

我在心底發誓，不管怎樣，

我都要逃避這樣的不幸！

什麼？他們喜歡我，而我也喜歡他們？這是事實。

但是，每隻小鳥都一定有牠自己的巢。

我還不至於笨到不知道老人是年輕人的包袱，

而老人自己也會覺得不自在。

——《高拉·布洛寧》

人，尤其是婦女，

並不是鐵板一塊。

尤其到接近中年的時候，

那時反抗與革新的本能

和那些令人癱瘓的保守習慣混在一起。

人們不能從自己的處境形成的成見中，

以及從已經固定的需要中一下子解脫出來，

即使是最自由的靈魂也辦不到。

人們有遺憾、有疑慮，

什麼也不願喪失，什麼都想占有。

——《母與子》

就是在最規矩的女人身上，

有時也會露出風騷的本相。

——《約翰·克利斯朵夫》

年老的人死纏住親人的情分，

是多麼可悲的事啊！

這比給鄰居帶來麻煩還要惡劣。

因為，親人不是不照顧老年人，

他們只是無從得知自己是否真心願意照顧年老的人。

所以，指望他們，不如死掉算了！

——《高拉·布洛寧》

最老實的女子有時也有一種本能逼她們儘量，

甚至於過分地施展她們的威力。

這樣濫用的結果，她們的弱點才顯出了力量。

——《約翰·克利斯朵夫》

在別人家的時候，

人們總是害怕打擾人，

不喜歡給人帶來一點點麻煩。

如果你想討人喜歡，

這可是個不高明的手法。

讓別人忘了自己的存在，

是最愚笨之舉。

——《高拉·布洛寧》

一個女人要爭取一個男人的時候，

她照著鏡子，使她的智巧和自己的眼色一樣，
按男人所喜愛的樣子去裝扮。

——《母與子》

做母親的不了解什麼叫雄心，

只知道有了天倫之樂，

盡了平凡的責任，便是人生的至福。

她這一套不假思索的哲學

的確也有許多真理和偉大的精神在其中。

她那顆心只知有愛，不知有其它。

捨棄人生，捨棄理性，

捨棄邏輯，捨棄世界，

捨棄一切都可以，只不能捨棄愛！

這種愛是無窮的，帶著懇求的意味，也是苛求的。

她自己把什麼都給了人，

要求人家也把什麼都給她；

她為了愛而犧牲人生，

要被愛的人也做同樣的犧牲。

一個單純的靈魂，它的愛就有這種力量。

像托爾斯泰那麼彷徨於歧途的天才，

或是衰老的文明過於纖巧的藝術，

摸索了一輩子、幾世紀，經過了多少艱辛、

多少奮鬥而得到的結論，一顆單純的靈魂，

靠了愛的力量，一下子便找到了。

——《約翰·克利斯朵夫》

父親總是獨占著女兒。

從她的幼兒時代開始，
他便用從他身上釋出的愛擁抱著她……
——《克勒蘭堡》

現代女子的大不幸，
是她們太自由又不夠自由。
倘使她們更自由一點，
就可以想法找點事做依傍，
從而得到快感和安全。
倘使沒有現在這樣的自由，
她們也會忍受明知不能破壞的夫婦關係而少痛苦些。
但最糟的是，有著聯繫，卻束縛不了她們，
有著責任，卻強制不了她們。
——《約翰‧克利斯朵夫》

我的率直之言談，總是和他的固執水火不容。
——《高拉‧布洛寧》

最好的女子其實是最可怕的，
因為她們目光淺陋的感情更容易毀掉藝術家。
她們一心要馴服天才，
把他壓低，把他刪除、剪削、搽脂抹粉，
直要這天才能夠配合她們的感覺、虛榮、平凡，
並且配合與她們來往之人的平凡才甘心。
——《約翰‧克利斯朵夫》

一個女人最得意的是，

相信自己在對付一個比她更弱的男子。
那時，不但她的弱點，便是她的優點——
她的母性之本能，也得到了滿足。

——《約翰·克利斯朵夫》

一個女人並不總是明白她為什麼熱愛一個男人。
但是，由於她熱愛了，所以她不能鬆手。
她在那上面耗費了太多力量與欲望，
所以不能再轉移到一個新的對象身上。
如果要把她從那個人身上拉開，
就得在兩個人身體的連接處切下一刀。

——《母與子》

孩子們的魅力就如同音樂一般。
這樣的音樂確實比我們所演奏的東西更能博得人心，
再怎麼高傲的人也會為之戀情，
瞬間返回昔日的童稚，
忘了自己的榮耀與身分。

——《克勒蘭堡》

PART 3

生存

人們懷疑任何一個時代，

並廢棄任何一個時代的先人之妄想。

—— 《被蠱惑的靈魂》

活著真叫人痛心！

但活著真好……

我因擦破了皮而哭出聲音。

哭號，那是活著的表徵。

我存在著，因為我想存在下去……

朝前方邁進吧！

我向前進，看見了前方。

前方對我來說，就是那麼重要……

但是，前方有什麼呢？

何處才是我最終的歸途？

—— 《內心的旅程》

死的苦惱讓少年時代的那幾年受苦，

且只有對生的嫌惡才能緩和這種痛苦。

—— 《約翰・克利斯朵夫》

我們的心底有形狀怪異的爬蟲類般的生命體，

在泥沼中蠕動著……

（那是在我們每個人心中蠢動的……）

—— 《被蠱惑的靈魂》

既然已經決定了，

就不能後悔，以後只須好好地盡自己的義務。

——《約翰·克利斯朵夫》

在我變得貧困之前，

沒有什麼值得去重視的東西，

因為我還沒有愚蠢到讓自己變得一無所有。

會逐日消失掉的不是只有荷包而已嗎？

在我完全用完荷包裡的東西時，

我還擁有最好的東西。

那就是——我自己的快樂、

我在五十年的人生當中到處散步時所收集到的快樂心情、

遊戲人間的情懷、為所欲為的思緒，

以及海闊天空的思想，等等。

這些積蓄可不是那麼容易就能積存。

我將這些公開在諸位面前，歡迎汲取，享用。

——《高拉·布洛寧》

我們除了精神或心靈以外，

可能還擁有別的力量，

一種和感覺不同的力量——

在其它力量都沈睡時的虛無之瞬間，

握有主權的神祕之力量。

——《約翰·克利斯朵夫》

直到嚥下最後一口氣為止，

盡情地工作、享樂吧！

——《被蠱惑的靈魂》

人生有什麼用處？

不知所以然地離開母親的肚子，

來到這個人世間，

又讓婦人大腹便便、吃東西、愛戀、到處吵吵嚷嚷……

這一切到底是為了什麼？

死亡，進入不可知之地，

這到底又是為了什麼？

我們完全不知道。

唯一能知道究竟的只有一個，

那就是人為什麼會覺得無聊。

使人在這世上做每一件事都覺得無聊，

便是人生在世的唯一目標……

——《約翰・克利斯朵夫》

人類當中有命令人的人，

也有被人命令的人。

知道自己的家人及自己都不屬於前者，

身心就會因激怒而猛烈爆發，

這是生命中最初的危機。

——《約翰・克利斯朵夫》

即使是愚者所暗示的夢想，

也遠比充滿強迫命令之意味的夢想還來得神祕、自由。

——《約翰·克利斯朵夫》

他不算是個很嚴重的利己主義者，

也不是個十分有個性的人。

他是個什麼都不是的人。

像這種什麼都不是的人，

他的人生是可怕的，

就如同放在空中的東西一樣，

隨時都會掉下來。

不管怎樣阻止，就是會掉下來。

而且，所有和他在一起的人，

都會被他一起拉下來。

——《約翰·克利斯朵夫》

人們為了實現一己的欲望，滿足自尊心，

在承認自己一點都不強的時候，

如果是孩子，

便會將這些欲望或自尊心轉移到自己的父母身上；

如果是在人生的道路上失敗的大人，

便將這些寄望於孩子們身上。

——《約翰·克利斯朵夫》

為了報復所有的不正當與罪惡，

為了懲罰惡人，為了偉大的事業，
他抱著活下去的強烈欲望。
——《約翰·克利斯朵夫》

非死不可的你們，去死吧！
不得不受苦的你們，去受苦吧！
人類並不是為了幸福而活著，
是為了成就自己的「規定」而活著。
受苦吧！去死吧！
但是，你們非得成為一個東西不可，
那就是——「人」。
——《約翰·克利斯朵夫》

和死亡這唯一的真實比較起來，
一切是否就變得不足取了？
如果終將如此，
那麼人為什麼要如此受苦，
要有那麼多欲望，要如此焦慮？
——《約翰·克利斯朵夫》

流行一直都在前進，
而精神上似是而非的自由也不停地在擴張。
幾乎所有的人都不抵抗這些，
他們都沒有明確地表示自身之意志的能力。
——《約翰·克利斯朵夫》

悲傷能使感覺敏銳……

　　——《約翰‧克利斯朵夫》

憤怒的狂風啊！

苦惱的狂風啊！

這該是多麼苦惱啊！

但是，這根本不算什麼！

他覺得自己極其堅強，

什麼苦都能受，再怎麼苦都行！

　　——《約翰‧克利斯朵夫》

悲慘的生活不只是思想之師，

還可以說是形式之師。

悲慘的生活，

就如同教導肉體一般，

也教導精神如何節制。

悲慘的生活能培養出當時間和語言都被限制時，

不說多餘的話，

只思考本質上的事之習慣。

因此，縱使活著的時間短暫，

也能擁有雙倍的生活。

　　——《約翰‧克利斯朵夫》

為了使幸福完整，

在飯後思考有關這個世界的不幸並不壞。

——《高拉‧布洛寧》

人只有在對人生認真的時候，才能生存下去。

但是，當這種陶醉一清醒，

就會知道這一切只是在騙人而已——

這一切不過是一場愚蠢的騙局罷了，

家庭和藝術都已不能再滿足我們。

家庭，那是像我一樣不幸的人聚集的地方。

藝術是人生的鏡子。

當人生變得沒有意義的時候，

便已不能再享受鏡子裡的遊戲了。

但最糟糕的是——我無法死心。

我就像是迷失在森林裡的人一般，

明知自己很恐懼，

而且也知道每走一步便會迷失得越深，

但仍到處奔走，

無法一直停留在同一個地方……

——《托爾斯泰傳》

善良、循規蹈矩、肯犧牲奉獻的人——

應該是正直的模範——

幾乎囊括了所有的美德，那便是——沈默。

——《約翰‧克利斯朵夫》

在可以燃燒的地方，

我更能提升自己的生命。

——《米開朗基羅》

苦惱的觀念與在血泊裡痛苦的人之間沒有任何關係；

關於死的想法，

和掙扎死去的肉體以及靈魂的痙攣之間，

也沒有任何關係。

人類所說的一切言語、人類所有的智慧，

和對現實不知所措的悲傷比較起來，

只不過是呆板的自動式玩偶劇而已。

——《約翰·克利斯朵夫》

就算只是一些微不足道的事，

也可能離間笑臉相對的人！

人們都認為過於強烈的詢問、不伶俐的動作、

無傷大雅的眨眼或抽動鼻子的習慣、

吃東西的方式、走路的樣子、笑的樣子，

以及不經任何分析的肉體上的不快等，

這一切都不算什麼。

但是，這些都是很重要的，

因為僅僅只是這些事，

往往便會令母子、兄弟、極好的朋友反目成仇。

——《約翰·克利斯朵夫》

放棄自己，

是偽善之舉。

——《約翰·克利斯朵夫》

沒有比親子間絕對的和睦還要難的事，

即使彼此都有著無比柔和的愛也一樣。

因為孩子們對父母懷抱著敬意，

削減了他們內心互相坦誠的勇氣；

父母則經常因自恃其年齡與經驗，自以為是，

有時對孩子們的感情就如同對待大人一樣，

而且幾乎常常不認真地去感覺

那比他們更加真摯的孩子們的感情。

——《約翰·克利斯朵夫》

不論怎樣的痛苦和背叛，

和背叛自己、否定自己的信念，

用死亡污蔑自己的最大的痛苦和罪惡相較，

不就像是小孩的哭鬧一般嗎？

人生是一場永無休止也沒有慈悲存在的戰爭，

想做個符合人類這個稱謂的人，

就必須與眼睛所看不見的敵人，

亦即自然的破壞力、雜亂的欲望、闇昧的思考等，

這些在暗處伺機腐蝕、滅絕人類的敵人戰鬥不已。

——《約翰·克利斯朵夫》

心地過於脆弱而善良，

有時無法做到非常誠實。

—— 《約翰‧克利斯朵夫》

我把不幸誇大來想。

我把自己的鼻子放大好幾倍來看，

覺得它好像占據了整張臉。

我已不想出現在他人面前……

—— 《約翰‧克利斯朵夫》

大部分人在二十歲的時候就死了。

一過了這個年齡，

就只剩下自己的反照罷了。

他們的殘生只在模倣自己當中度過。

在他們「活著」的時候所說過、做過、想過、愛過的事物，

日漸機械化且變得更粗糙的反覆當中，

他們度完了殘年餘生。

—— 《約翰‧克利斯朵夫》

正因為他們彼此都認同了一樣力不可逮的事物，

就更不能拉近彼此耿耿於懷、心懷不平的小人之魂。

正因為接觸了因自己的不幸，

而否定了別人的幸福的平凡人或病人的愚昧的厭世觀，

才無法給健全的人健康的樂趣。

—— 《約翰‧克利斯朵夫》

我們要對每一天保有信心，

愛每一天，尊敬每一天……

——《約翰‧克利斯朵夫》

日子為什麼會消逝得如此飛快？

可喜的是，我和那些成天嚷著喜歡優閒度日，

卻又愛發牢騷的羅馬人——

那些怠惰者，可不一樣。

我不浪費任何一秒鐘，

我滿足我的每一天，

將每一天都儲存起來。

不過，我仍想要擁有兩天的時間，

每天有兩天的時間……

但金錢方面便不能如此。

剛要開始飲用，杯卻已空，

那是因為杯子有裂縫……

——《高拉‧布洛寧》

「半推半就」究竟是「服從」還是「拒絕」？

真正的行為當中絕不容許——

「是或不是（yes or no）」的遊戲。

行為是一把斧頭，

它能將東西一分為二……

——《被蠱惑的靈魂》

英雄善盡人事。

這是平常人所不願去做的事。

——《約翰‧克利斯朵夫》

依靠火、自己的新構想以及美好的工作，工人將鐵折曲；

沒有火，任何藝術家都不能煉金，也無法使之昇華；

不死的火鳥只有浴火之後方能重生。

因此，如果我死在火裡，

我祈願能擁有一個更光明的來生……

——《米開朗基羅》

每個人都有願望，

每個人都想活下去。

這是截然不同的兩回事。

但不用憂愁！

重要的是不要對希望以及生存感到厭倦。

——《約翰‧克利斯朵夫》

最偉大的藝術家，

有著一顆為萬人而鼓動的心。

想要看見神的人，

必得在對人類的愛中尋求，

而不是在自己思想的空虛、蒼白中尋求……

——《約翰‧克利斯朵夫》

人類的精神脆弱，

往往不能順應相當單純的事實！

—《約翰‧克利斯朵夫》

托爾斯泰說：

「人只有陶醉在人生中時，才能生存下去。」

我熱中於生活……

現在是夏天，令人感覺很舒服的夏天。

今年，我奮鬥了好長一段時間，

仍然被大自然的美所擊敗。

我正享受著生活……

—《托爾斯泰傳》

他們每個人都崇拜自己。

這是他們唯一的崇拜之舉，

他們也慫恿別人這麼做。

不巧，別人也都是自我崇拜者，

他們不論是在說話、走路、吞雲吐霧、

看報紙、舉手投足之間，

或彼此打招呼，總是不忘引人注目。

—《約翰‧克利斯朵夫》

人無法容忍別人和自己擁有一樣的缺點。

—《約翰‧克利斯朵夫》

讓他們為所欲為，

我們只須品嘗輕蔑他們的樂趣。

—— 《約翰・克利斯朵夫》

像他這樣的人會坦白自己的無知，

是因為他想引以為傲。

—— 《約翰・克利斯朵夫》

所有誠實的思想，

即使有任何錯誤，

也通常是神聖而崇高的。

—— 《約翰・克利斯朵夫》

・維恩　愛情販子

人類是無法忍受真實的笨蛋！

所以，為什麼還要向他們強調真實呢？

—— 《約翰・克利斯朵夫》

精神具有在意義還未觸及對方之前，

便能測知遠處狀況的天線。

其中最靈敏的，莫過於「自尊心」這條天線。

—— 《皮耶與盧斯》

人類的力量其實很微弱，

只要爬上第一個高坡，

便會上氣不接下氣地止步。

只要道路不斷，

不論走到哪裡都不會半途而廢的人少之又少。

—— 《約翰・克利斯朵夫》

將愛摒除於外的，便不算是人生。

—— 《愛與死的追逐》

被動是所有不好的德行當中，最不被允許的……

—— 《約翰・克利斯朵夫》

最悲慘的是──

真正了解自己的人，在這世上一個也沒有。

──《約翰·克利斯朵夫》

人和社會一同吃飯、一同歌唱、一同思考。

社會一打噴嚏，人也會跟著打噴嚏。

但若不和社會一起飲用，

人就連一杯啤酒都喝不到。

　　──《約翰·克利斯朵夫》

為了打發無聊而使壞的人絕不會停止爭鬥，

因為他們老是無所事事。

　　──《約翰·克利斯朵夫》

不徵求別人的意見而自以為是，

是最惡劣的挑撥行為。

　　──《約翰·克利斯朵夫》

偽善者才是奴隸，

奴隸才是真正的主人。

你只知道奴隸，卻不認識主人……

　　──《約翰·克利斯朵夫》

保守無情的今日社會，

將瀕臨死亡時僅剩的一點精力都用在阻擾別人的生存上。

——《約翰·克利斯朵夫》

睿智不在於期望睿智，

而在於自己的意志絕不為事物所遷移，

並縱身於事物的洪流之中，

進而接受並深愛這道洪流……

如此一來，他便與事物的神祕本質同化了。

——《約翰·克利斯朵夫》

不能不愛真理勝過愛自己，

但更要愛他人勝過愛真理。

——《約翰·克利斯朵夫》

絕望、瘋狂及犯罪，

不停地徘徊在我們每個人心中，

有的人克服了，

有的人則屈服了。

你知道為什麼嗎？

因為：「雖然犧牲者是他們，

但我們自己也可能成為犧牲者，

況且我們並沒有責罰任何人的權利……」

——《被蠱惑的靈魂》

工作就像一塊海綿，

吸取恥辱與苦痛。
此外，工作還為靈魂換上新的表皮和血。

——《高拉·布洛寧》

年輕人之所以看起來缺乏感情，
並不是因為他們的感情遲鈍了，
而是因為他們已經被熱情、
野心及欲望之類固定的觀念搞得七葷八素。

——《約翰·克利斯朵夫》

善不是學問，而是行為。
囉囉嗦嗦，滿口道德經的人，
全都是神經衰弱的患者。
因此，道德的條件當中，
首先便須去除神經衰弱這一條。
道德學者自己只會爬行，
卻想教我走路……

——《約翰·克利斯朵夫》

極其古老的民族之子的特權，
需要付出高代價。
那是眾多試煉、被叛離的理智、愛情等，
過去的龐大負荷。

——《約翰·克利斯朵夫》

民族的優劣問題，

愚蠢且令人不悅。

—— 《約翰‧克利斯朵夫》

為了人類的自由，

最重要的是必定要去對抗那些奴役他人的人。

國家沒有了權力，便等於個人沒有了權利。

國家權力的犧牲，便等於一無所有。

—— 《愛與死的追逐》

壞人很可能變成幸福者，

只要他們有很多可能成為幸福者的機會。

—— 《約翰‧克利斯朵夫》

思考成癖和永無止境的分析狂，

不僅斷絕了所有享樂，

也失去了所有行動的勇氣。

—— 《約翰‧克利斯朵夫》

戰鬥便是我所說的「健全的生活」。

—— 《約翰‧克利斯朵夫》

當一個民族衰老的時候，

其民族的意志或信念都將任憑那些帶來所有生存的理由和快樂的人擺布。

——《約翰·克利斯朵夫》

法國人為了了解自己的想法，

首先便想知道周圍人的想法，

他們由此決定究竟要持相同、還是相反的想法。

——《約翰·克利斯朵夫》

能審判自己的人只有自己。

沒有別人能擔負自己的責任，唯有自己。

——《愛與死的追逐》

沒有生過病的人，

不能說已完全了解自己。

——《約翰·克利斯朵夫》

由令人不悅的懷疑主義和人生經驗，

可以清楚地知道——

生活的窮困將使得人們無法避免意志的墮落……

——《約翰·克利斯朵夫》

在這世上，

唯一的敵人就是那乾涸並污染生命之泉，

專司享樂的利己主義。

—— 《約翰·克利斯朵夫》

在肚子填飽的時候，

每個人都成了理想主義者……

—— 《約翰·克利斯朵夫》

美德或惡德也好，

偉大的英雄主義或低等的卑猥也罷，

只要用調子美好的旋律或鏗鏘有力的詞句稍加修飾，

便可毫無顧忌地囫圇吞下。

—— 《約翰·克利斯朵夫》

對於青年的夢想，

在大部分的大人所暗藏的敵意或嘲諷當中，

如洶湧的波濤般夾雜著痛苦的回憶——

「我也曾經如此，但昔日的從不曾實現。」

—— 《約翰·克利斯朵夫》

到底為了什麼要給予我們生命？

——為了戰勝生命。

—— 《愛與死的追逐》

當苦惱到達絕頂，

便有如解放了一般。

——《約翰‧克利斯朵夫》

就如同貝多芬所說——

「如果我們為了生活而將自己的生命全部投擲出去，

那麼，到了要追求更有價值的東西、更優秀的事物時，

我們到底還能剩下什麼？」

——《約翰‧克利斯朵夫》

有錢人懂得人生嗎？

他們和殘酷的現實可有關係？

可曾聞過麵包出爐時的香味，

或者耕耘過的大地的香味？

他們可了解這個世間的人與事？

——《約翰‧克利斯朵夫》

財富切斷了人與大地的連繫，

也切斷了大地上所有子民之間的連繫。

——《約翰‧克利斯朵夫》

非凡無比的煉金術——

是生命與喜悅及痛苦的煉金術。

——《花之復活節》

他熱切追求的不是快樂，

而是完整的自己、充實的生命。

——《約翰・克利斯朵夫》

善良的——亦即愚蠢的——伙伴！

——《約翰・克利斯朵夫》

超越生活的悲傷吧！

——《約翰・克利斯朵夫》

最可怕的東西既不是貧窮，

也不是疾病，

而是人類彼此之間的冷酷。

——《約翰・克利斯朵夫》

・麥約　牧羊人

行屍走肉者佔據了世界，

並在光天化日之下搶奪他人的土地與幸福。

——《約翰·克利斯朵夫》

精神上的傳染正廣泛蔓延，

而且，有時候是智慧較低的人傳給智慧較高的人……

——《約翰·克利斯朵夫》

不曾有過破綻的人，

必得一直刻意演下去……

——《約翰·克利斯朵夫》

即使發掘到自己潛在的力量，

這力量也會因生活的不如意而窒息。

——《約翰·克利斯朵夫》

不打破蛋，如何能做煎蛋捲？

——《約翰·克利斯朵夫》

因為自己的利己之心已幾乎被殺光，

所以內心的洞察力能一直存在。

——《約翰·克利斯朵夫》

人們總是幻想：

只要離開自己的環境，
便可以找到自由。

——《約翰・克利斯朵夫》

這世上最悲慘的，

莫過於一個朋友都沒有。

可能我們有一些女友或暫時的朋友吧！

擁有朋友這個美麗稱呼的人比比皆是。

但是，在實際的人生中，

幾乎只能有一個真正的朋友，

而且擁有這樣一個朋友的人極其稀少。

——《約翰・克利斯朵夫》

我們必須用忍耐武裝。

不管怎樣的惡，多少都會有點好處。

最惡劣的評論家對我們來說，也是有益的，

他們會履行動督我們的職責，

使我們的偷閒不被允許。

每當我們認為自己已到達目的地，

便會有狗群在我們背後追趕。

我們會因而前進得更遠、爬得更高。

與走在前面的我們比起來，

在後面追趕的狗群不是更疲倦嗎？

——《約翰・克利斯朵夫》

擁有比自己與家人的生活，

以及自己知性上正常發展所必要的東西還要多的人，
無異於盜賊。

——《約翰·克利斯朵夫》

自己美好的部分，似乎往往存在於自己以外的地方。

——《約翰·克利斯朵夫》

沒有憎恨，如何能夠爭鬥？
沒有年輕氣盛，又如何能夠憎惡？

——《約翰·克利斯朵夫》

不管是否定的力量、還是肯定的力量，
敵人或者同伴，
我們人生當中的所有金屬，
都必得和悅地投入我們心中熱烈燃燒的熔爐當中。

——《約翰·克利斯朵夫》

真實者就是現實。
誠實的首要原則，
就是正確地觀察現實，
接下來便是指導批判與行動的率直，
以及果斷、具體的規則。

——《被蠱惑的靈魂》

成功並不是問題，

遵從內心的命令才是問題。

——《約翰·克利斯朵夫》

一句話就可以解決的事，就不要再囉嗦。

語言就是行動。

——《約翰·克利斯朵夫》

他應該說是行動的信徒。

他似乎相信好的作為只有一個，

那便是——不要害人。

——《約翰·克利斯朵夫》

如果你認為人生不能沒有謊言，

人生是個大幻境，

那是因為你的人生並不是真正的人生。

真正的人生不在這裡。

所以，現在你非得再去尋找人生不可。

「那麼，真正的人生在哪裡？」

在我的心中，在你的心中，

在尋求真理的意念當中……

如果真理不在我們心中呼吸，

它又如何能擄獲我們？

——《被蠱惑的靈魂》

人生沒有出售來回票，

一旦出發了，便不能再回頭……

——《被蠱惑的靈魂》

「要你說真話，還真是白費力氣。」
「如果非得老老實實地說真話不可，
那人生可真是過不了啊！」
——《被蠱惑的靈魂》

寫作是清楚的思考。
——《約翰·克利斯朵夫》

友情是一塊磁石。
而且，為了防止背叛，
它不能不比鐵石更加堅強。
——《被蠱惑的靈魂》

「首要者為語言！」
權利對善於使用語言的人來說，
可成為最好的成功之工具。
把法律放在適當的場所用作槓桿，
就可如心中所想的一般，
將任何國王推至上位。
——《花之復活節》

當人們自己在吃苦的時候，

也會輕易地讓別人一起吃苦。

——《被蠱惑的靈魂》

年輕人享受行動之彼岸的日子尚未來臨！

當人們朝著反方向的斜坡，

而不通過應朝著日落方向下降的分水嶺，

那是有害的……往上爬吧！

我的朋友，往上爬！請開始行動吧！

「存在」只存在於結束的地方。

然而，首先必須先去「做」。

——《被蠱惑的靈魂》

為了種植小麥，

必得先開墾土地，

拋掉石塊，燃燒雜草，

然後切實地拿起鋤頭，

耕耘出又長又深的田畝。

僅僅是「播種時的勤勞身影……」

還不夠，必須強制踐踏頑強的大地，

鞭打在牛軛底下勞動的牛群，

強健身心及體魄，

壓制自己的心！

——《被蠱惑的靈魂》

一直走下去沒什麼用處。

就必須知道——適可而止。

——《被蠱惑的靈魂》

悲哀是最好的朋友，

它能為人們帶來嚴肅的歡娛。

——《米勒》

不管是哪一種靈魂，

只要曾經從正面碰見真實，

卻仍想要否認真實，

便意味著靈魂的死亡……

——《群狼》

十六至十八歲左右的青年，

每個人都有哈姆雷特的靈魂……

他們了解人生，

僅僅為了原宥人生的罪惡就會精疲力竭。

通常，在完全成長為大人，

渡過從蛹蛻變至成蟲的痛苦的過渡期之際，

他們一直都隱藏在夢想與藝術的地底下。

——《理性的勝利》

忍受罪惡的人，

其罪惡與做壞事的人相等。

——《理性的勝利》

這世上最糟的是想要做自己喜歡的事卻又不做，

計劃好了以後卻又不敢做，

朝向某個目標卻又迷失自己，

以致半途而廢。

「矛盾」對我來說，

比失誤更加令人難以忍受！

——《理性的勝利》

「活的靈魂在每個世紀會出現三或四個。」

「那麼，其他人的靈魂呢？」

「那些只不過是看起來像活的罷了！」

「那麼，您是說這個我是死的囉？」

「不錯！你求的是什麼，想做的是什麼，

接下來變成什麼樣，你都知道嗎？你的眼睛像條小河，

任何思想都無法停留，終將隨流而逝……」

——《理性的勝利》

空有一段強烈的愛情，

卻沒有一個心靈交會的家庭。

——《皮耶與盧斯》

只要能了解其中的意義，

受苦或死亡就不算什麼。

只要能知道為什麼，

就算犧牲生命也無所謂。

對一個青年來說，世界是什麼？

世界的紛亂又是什麼？

如果青年真摯而健全，

為什麼會對每個國家如愚蠢的野牛

在深淵邊緣格鬥般行將毀滅的野蠻行為產生興趣呢？

——《皮耶與盧斯》

過去的沈重負荷絕不會令未來窒息，

即使未來依舊充滿黑暗與恐懼。

——《理性的勝利》

我們不喜歡不能盡情歡笑，

因為歡笑平等地對待每個人。

——《高拉·布洛寧》

優秀的人常帶著──

多少有點女性化，卻不引以為恥的神經質。

──《皮耶與盧斯》

輿論──這個娼婦！

　　──《皮耶與盧斯》

是不是奢望太多了？

人們老是稱我為利己主義者。

但我常在想，我有什麼權利？

當我見到我身邊許許多多的不幸與痛苦時，

便失去了要求的勇氣。

但是，我的心仍舊會呼喊：

不！我也有權利。

至少我擁有一丁點追求幸福的權利……

　　──《皮耶與盧斯》

我在身邊看到嘮嘮叨叨地發洩心中之不平的人。

他們說，現在是個悲哀的時代……

其實，根本沒有什麼悲哀的時代，只有悲哀的人。

還好，我並非這樣的人。

人們彼此掠奪、怒目相視……

那是什麼時代的事了？

　　──《高拉‧布洛寧》

信任是好事。

親眼目睹更好。

——《高拉·布洛寧》

現在已經病入膏肓，我們解救不了。

但起碼救救未來吧！

——《戰時的日記》

這是心靈與精神面臨重重巨大苦惱的時代。

一切都背棄了我，一切都背叛了我。

世上的男男女女是何其悲哀啊！

但最壓迫我的不是他們的惡意，而是他們的平庸。

——《戰時的日記》

每個人都可以接受的兩個義務是——

一、沈默。

二、收集有關愛的資料，

而非關於憎恨的資料（這是很好收集的）。

——《戰時的日記》

我對所擁護的理念之信賴從不稍損，

但我對人類的信賴已全然消失。

——《戰時的日記》

對驕者施以力，

對弱者施以憐憫。
——《戰時的日記》

瑞士作家阿米爾說：
「要如何才能不去憎恨對我們行惡的人？
方法只有一個，那就是——對他們行善。」
然而，那並不是唯一的方法。
啊！其實，有時候人們也會喜歡對自己作惡的人，
而且連必須對其行善的藉口都不需要。
——《戰時的日記》

與他人融合在一起，
如何「存在」下去呢？
人有各種義務，
但所有義務中的首要義務是自己的存在、自己的所在；
就連面對必須犧牲自己、奉獻自己的時候也一樣。
——《克勒蘭堡》

我們要……
和被壓迫的，和所有被壓迫的人在一起。
那樣的人比比皆是。
我只認識這世界上的兩個民族——
受苦的人，以及讓別人受苦的人。
——《戰時的日記》

我不屬於任何黨派，

我是被擊敗者的伙伴。

——《被擊敗者》

查爾斯·金斯如是說——
現在世界上的某個地方是清晨，
所以明天我們所在的地方，
清晨將會再度來臨。
幸福的日子也好，
辛苦的日子也罷，
日子總是要過下去。
——《戰時的日記》

誤解並憎恨和自己沒有共同想法的人，
是如何簡單的事啊！
——《克勒蘭堡》

製造犧牲人類的永久之罪惡的是善良的人，
因為他們用英雄式的觀念將這種罪惡神聖化。
他們視忍受邪惡為最高的美德。
這恐怕便是萬惡之源。
因為，一旦善良的人開始服從，
惡人便會開始強大了。
——《戰時的日記》

人只有在忘卻偉大的事物時，

才算是真正的偉大。

——《戰時的日記》

我的態度和托爾斯泰一樣，

既不主張以行動革命，

也不主張藉由暴力，

而是透過內在精神的解放……

如果我們能待在彼此的身旁，

自由地交換彼此的想法，

我可能會向你仔細闡述——

「民眾、民眾……」（常與別人的熱情融合）——

我對民眾所抱持的深切感情與警戒心。

我不知道熱情會領導他們往何處去？

最令人感到痛心的是看到人們雖逃離了不正，

卻在其道路的終點又出現不正。

我覺得民眾當中的精英，

遠比其他墮落階級中的精英還要優秀、有活力。

但是，民眾是常常受突然的變化與指標——

所支配的一股強大的自然力！

反抗——便是一場「風暴」。

問題是，繼風暴之後而來的——

是「大雨」還是「晴空」？

——《戰時的日記》

在現代，

「存在」以及自我、自由，都是最大的挑戰。

——《克勒蘭堡》

每個人都有想錯的時候。

但不管想的是錯或對，

態度都必須真誠。

真誠的錯誤不是虛偽，

而是邁向真理的前程。

——《克勒蘭堡》

一群被憤怒所驅使的塞爾維亞人

正準備焚燒一名匈牙利人。

當火刑就要舉行時，

這個不幸的罪人看見一個小女孩，

要求眾人在他死前，

讓他親吻這個小女孩。

他的理由是：他自己也曾經有過一個小女孩。

在罪人親吻小女孩的時候，

所有的民眾，不論男人或女人，都改變了心意，

他們赦免了這個匈牙利人。

——《戰時的日記》

再怎麼優秀的性格，

有時也會沈浸於單純而完全的利己主義之中。

——《克勒蘭堡》

只有在受苦之外別無它法時，

才可以允許將痛苦神聖化。

（有時，在某些狀況下，

也可能發生了不起的事）。

但是，如果為了痛苦本身而去愛痛苦、

稱讚痛苦、希望痛苦，

其中並不帶有人性，

便不足以稱之為神聖。

我對這樣的事很反感。

我之所以日漸遠離宗教，

便是因為這個緣故。

——《戰時的日記》

我所在意的不是別人的看法，

而是我自己的判斷。

我不想被捲入得太深……

我了解自己的弱點，

鬥爭會使我完全失去冷靜！

如此一來，我便會進退維谷，動彈不得，

而且會後悔一輩子。

——《被擊敗者》

人類的歷史在顯現出事實之前，

通常會在生命的最深處發出預告；
而測量天候，最敏感的指標便是青年。
——《內心的旅程》

每個人都要徹底訴說他所見到、感覺到、想到的事物。
每個人都要凝視著自己良心的每個角落，
勇敢地呈現隱藏於內心之陰暗角落的一切，
並給予其現實的，雖然可怕但健康的光明。
譬如，試著去懷疑所有真正的信念、
錯誤的信念、傳統、偏見，
或者某個不是沒有根據的義務，
以及非宗教性的小小信條。
——《戰時的日記》

我從你身上看到昔日的自己——善良、纖弱，
不帶任何武器地面對人生，
有著一點點詩情，並且厭惡行動。
但是，這樣可不行！
人不可以逃避人生。
一旦放棄了人生的戰鬥，
人生的方向便會逐漸傾向陰險，
而陰險將會趁你不注意的時候征服你。
我至今仍在嘗試著讓自己成為自由之身，但為時已晚……
——《被擊敗者》

青年的思想與行動，

絕對不能分開！

—— 《鬥爭十五年》

人生是殘酷且不正常的機械，

每彈奏一個音符，

便會發出令人意想不到的恐怖聲音。

原本以為是善的事物，會轉變成罪惡，

意志也會帶來令人愁眉苦臉的行為……

—— 《戰時的日記》

「自由」這兩個字是諸多命令中的一種，

它光明無比，是支配這個繁華世界，

眼睛所看不到的「至上者」，

且不過是代表「必然性」的命令之一罷了。

—— 《克勒蘭堡》

巨大的戰鬥，

不只是和外界的自然搏鬥，

還必須和內心搏鬥。

因為「它」也是「自然」的一部分。

—— 《克勒蘭堡》

最偉大的人，

能在堅強的人格當中包涵各種「人類靈魂」之財富。

——《先驅者》

斯提芬·茲瓦克在信中說：

「……在我房裡有勒南的《馬卡斯·奧里留斯》。

每次一讀到它，我便會想起你。

在少數野心家掌握的這個世界，

我們完完全全成了沒用的人。

我有永遠不再開口的想法。

我對『自由、正義』之類大剌剌的言詞

所感受到的不信任，如今已如固執一般……」

——《戰時的日記》

人類這種動物有順應任何事物的適應力，

即使是在糞坑底下，

也還是能找到尋樂的方法。

——《克勒蘭堡》

大談「民主主義」這個詞的笨蛋們！

所謂「民主」，對民眾來說，

在卸下它的嚴肅稱謂之後，

它的真面目只是若干布道者

為了自己的利益而剝削民眾的雕蟲小技。

——《克勒蘭堡》

貧窮的人和有錢的人一樣，

沒有擁有過去的權利。

—— 《約翰·克利斯朵夫》

我看得見，我能夠創造，

因而我是自由的。

這一切都是我的，包括我的枷鎖。

我是自身苦惱的主人……

—— 《內心的旅程》

你們只要看見一種罪惡，

便想跳下身去粉碎它。

你們的熱血是無與倫比的，

卻幻想這世間的罪惡只有一個，

只要清除了它，

世界便會重返黃金天使的清淨時代。

人們極害怕看見龐大的罪惡。

只要發現一點點罪惡，

人們便會因而垂頭喪氣，

將世界上所有的罪惡都侷限在那裡，

並且拒絕去看自己周遭的事物。

事實上，邪惡正充斥在人們所到之處。

我們這邊也有。

—— 《克勒蘭堡》

解救靈魂的東西在權利之上。

那便是——宗教上的義務。

——《被蠱惑的靈魂》

為什麼想要去信仰一些什麼的欲望會熱烈地燃燒起來？

那是因為不想看見真實。

此外，也因為藉此可以看見真實……

這就是人類的悲劇。

人類不想看見、知道，

所以非得神化令人絕望的自己的低劣不可。

……我們不就是在盡我們之所能等待著嗎？

——《克勒蘭堡》

・麥約　地中海

只有不幸，讓人們知道──

能超越幾個世紀而存活的人，是比死還強硬的人。

──《約翰‧克利斯朵夫》

自由？你們有什麼自由？

在今日、在自己的國家，

你們當中有誰是自由的？

行動自由嗎？

不！國家只是讓你們的生命得到自由，

讓你們不是殺人者就是被暗殺者。

說話、寫作自由嗎？

不！你們一旦寫下自己的思想，

就會被送入監獄。

有獨自思考的自由嗎？

不！你們得好好地將自己隱藏起來，

雖然連坑洞底下都不安全。

保持沈默！保持警戒！

你們正被那些行動的監視者、

別著華麗鈕釦的士官長、

精神的監視者──

教會、大學等命令人們應該相信什麼、否定什麼的地方，

嚴密地監視著。

──《克勒蘭堡》

對於像米勒一樣的靈魂來說，

內心的歡愉都有著詩人拉・封登所說的：
「憂鬱是心靈中祕密的喜悅。」
——《約翰・克利斯朵夫》

永生不死的作品就是完美的作品嗎？

《唐・吉訶德》並不是一部完美的作品；

莎士比亞的戲劇當中，

也沒有一部可以稱得上是完美的作品；

莫里哀的諸多喜劇作品，

其書寫方式也經常不完整；

《伊里亞德》也迷迷糊糊地沈睡著……

天才能力的爪痕，有必要處處留下痕跡……的確如此。

但是，天才的能力也有極度完美的時候——

例外的時候，這是無須明說的。

然而，天才總是前進得太快，並給道路製造了裂縫。

讓道路發揮作用，是跟在天才後面行走之人的工作！

問題完全不在此。

不是美不美的問題，也不只是天才的問題，

而是持續的問題。持續……就是生命。

在自己心裡有著生命中最大的總成績——

為了活著之人的最大的總成績，

這樣的人或這樣的作品，

應該可以活得最長久吧？

擁有持續之力量的所有傑出作品，是人類每日的糧食。

——《內心的旅程》

理想化，

是人害怕正視人生的產物。

——《約翰·克利斯朵夫》

我一點都不否定我自己，

否定我曾深思過幾次的一個影子是怪物的想法，

也不否定在自己不注意的時候曾與其他怪物戲耍！

但是，人類不犯錯便學不到任何東西。

我活過了這輩子，

不會因自己的想法錯誤而恐懼。

今日當我寫這篇文章時，

我還是不會感到恐懼。

我會誠實地運用自己的眼睛與精神⋯⋯

　　——《內心的旅程》

在所有人類當中，

有些人會因年齡而被區分出階級。

年輕時，他們無論如何都會製造出一個無政府的同盟，

並想要擁有各自的「國家」。

這是青春時期的巨大騷動！

矛盾的感情與性格猶如輕搖蜂巢一般，

會發出嗡嗡的鳴叫聲⋯⋯

　　——《內心的旅程》

在擁有一切時否定社會，

是最大的奢侈……

——《約翰·克利斯朵夫》

「人類的目的是行動。」

「人類所謂的自由，便是靈魂的健康。」

「對！宿命論者是病人，

哈姆雷特是病人，我也是病人。」

行動、生產、創造……這是生活的目的。

我很清楚這條規則，

也如此期盼著。

——《內心的旅程》

「偶像崇拜」使精神與孕育精神的雙親——大地——

分開，並遠離現實世界的危險與責任。

否則，精神將會變成微不足道的醜陋螻蟻，

並被遠遠地拋在強勁的樹液之外。

——《鬥爭十五年》

沒有一種偉大的藝術不擁有連繫行動與夢想的力量。

因為，行動與夢想是兩個相輔相成的力量。

列寧說：「不能沒有夢想！」

歌德說：「不能毫無行動！」

——《由革命而來的和平》

金字塔並非由上面開始建造！

——《約翰·克利斯朵夫》

某個賢人曾說——

「如果你假裝知道，如果你嘲笑命運，

那麼，等待命運結束之後再開始吧……」

——《黎留里》

一、絕不要參加任何集團及任何政治性的結社。

所有人類的結社，

都會使因而團結起來的思想墮落，

使人們偏離其生命的真正意義。

我是自由的，

我想停留在自由當中。

但是，如果我要戰爭，

我也會一個人站在陣營之外，

自己負起責任而戰！

二、精神法則。

不管面對什麼事，絕不處於被動，

即使是受人之託也一樣！即使必須服從，

也不因受人指示而服從；即使必須犧牲自己，

也絕不忍氣吞聲。

——《內心的旅程》

人生最重要的是盡一己之義務……

——《約翰‧克利斯朵夫》

在我所有筆記的扉頁中，

我不厭其煩地重複寫著歌德的這句話——

「無益的生存無異於死亡……」

我的生存便等於奮鬥！

——《回憶錄》

‧隆尼　戴草帽的漢彌爾頓女士

習慣是人的第二天性。

對大部人來說，
習慣卻是他們唯一的天性。

——《約翰・克利斯朵夫》

每個人應當做的事，

不要任由別人替你判定好壞，

就算他是極優秀、最行得正或你最愛的人。

每個人應當做的事，都該由自己尋找。

如果必要，還應該以無比的耐力，

就算花上一輩子，

也要不停地搜索下去。

自己所得到的半分真實，

遠比人云亦云的完整真理，來得有價值。

閉著眼睛像奴隸般屈從承受的真理，

不過是一種虛偽。

站起來吧，人類！

張開眼看看你的四周！不要恐懼！

靠自己的努力所贏得的僅有的真實是最確實的光明。

重要的不是積蓄很多知識，而是不論多或少，

這些知識都是自己的心血所培育出來的收穫，

自由努力的成果。

只有精神上的自由，才是無上的至寶！

——《先驅者》

錢不夠的藉口，

不再是什麼大問題了。

不過，錢不夠，確實是很難改變的事實。

——《約翰·克利斯朵夫》

缺乏理想的現實主義是毫無意義的！

不符合現實的理想主義是冷血的！

真實的理想主義要求整個人生，

要求人生的整體實現……

這是對生存於人類之良心

與各種事實當中之現實的最深切的認知，

而這種認知便是我們良心的武器。

——《先驅者》

唯一配得上「人類」這個稱謂的人，

是果敢行動的人。

——《回憶錄》

我輕蔑侮辱我的人，

就算他自以為是貴族。

沒有高貴之靈魂的人，

我都視之為糞土。

——《約翰·克利斯朵夫》

他總是抱著一種奇怪的想法——

與自己離得最近的不是現在的自己，
而是將要步入明日的自己。
——《約翰・克利斯朵夫》

大部分人的靈魂都不是固定的，
而是不斷地此起彼落的靈魂之總合。
——《約翰・克利斯朵夫》

人生是多麼醜陋、多麼卑劣，
到處充斥著謊言。
他再也不能呼吸了。
在渡過塞納河的時候，
他想跳下河去，
卻被其他人搶先一步。
堤防上如同蒼蠅群集般漆黑……
——《約翰・克利斯朵夫》

PART 4

信仰

自己心中擁有太陽、

擁有生活的人還有必要向自己以外尋求幸福嗎？

——《約翰·克利斯朵夫》

沒有信仰的人就如同沒有放鹽的乳酪般，沒有味道。

做得不好的乳酪有兩種，

一種是發脹的，

一種是腐敗的。

也有一種「發脹的人類」，

只要一看見牙刷便鼓起臉頰。

充滿虛榮心、裝扮華麗的女人及傲慢的青年便屬於此類。

而且，他們的成就或許還不及一塊乳酪。

腐敗的乳酪是因製作時沒有充分壓搾的緣故。

青年時期沒有充分克制自己的人、

懶惰的人、好逸惡勞的人、遊手好閒的人等，

都是腐敗的，他們非得用雙重荊棘所圍成的籬笆——

工作與痛苦，來束縛自己不可！

——《戰時的日記》

宗教，以及了解宗教、批判宗教或攻擊宗教的首要條件，

便是親自去體驗宗教意識的「真實」。

從事過宗教事業的人，

不論是誰，都沒有資格談論這一點。

因為，如果他們是真誠的，

他們應該知道宗教意識與宗教事業完全是兩回事。

——《羅摩·克里史納傳》

就連最能解放自我的人

也會受到社會精神、群體精神及道德的束縛。

——《戰時的日記》

托爾斯泰說：

「宗教的意義一直存在，那便是河水流經的河床。」

其實，更正確的說法應該是：

「那便是河水流動的方向……」

——《托爾斯泰傳》

喪失信仰和擁有信仰一樣，

是上天恩賜的一記棒喝，

屢屢出現突如其來的光明。

——《約翰‧克利斯朵夫》

「你如何去實現神的旨意？

冥想時，你見到了什麼樣的幻覺？」

「我不喜歡幻覺。冥想的時候，

我不希望見到任何東西，包括神的形態。

我想見到的，是顯現於世界上所有生物之間的『神』。」

「可是，那是求道的最終目的，無法一蹴即成。」

「但我不達目的，絕不會滿足。」

——《羅摩‧克里史納傳》

所有宗教都歷經各種不同的道路，

到達同一個神面前……

——《羅摩·克里史納傳》

如果思想以一切為賭注，

以所有的真誠和準備完全犧牲的覺悟，

朝向追求真理的道路，

那便是我所謂的宗教。

——《羅摩·克里史納傳》

「創造」在每一瞬間不斷地反覆進行著。

所以，宗教絕不是已完成的事業。

宗教是永不休止的行為，行動的意志；

是一道活泉，而非一灘死水。

——《羅摩·克里史納傳》

克里史納如是說：

不知道自己所擁有，

還在尋覓已經握在手裡的東西之人真是可憐而無知！

所以，如果我無法感受到自己已經愛上她的那種幸福，

我便是個可悲而無知的人。

——《托爾斯泰傳》

宗教填不飽空空的肚子。

——《羅摩・克里史納傳》

信仰是由心捕捉世界，

握著感覺的塵埃卻不知足的東西。

理性的人與有信仰的人所見到的世界之差別，

猶如見到女人之後

渴望女人與希望女人做自己的妻子兩者之間的差別。

一切生命都有信仰的行為。

沒有了信仰，生命就會立即崩潰……

　　——《回憶錄》

我走遍印度全土……

用這雙眼睛看到民眾所恐懼的貧困與悲慘。

我感到十分痛苦，泫然欲泣。

我不想幫他們消除貧窮與苦惱，

即使向他們傳教也是枉然……

這是我現在的堅固信念。

　　——《維威卡南傳》

PART 5

藝術

如果藝術有國界，

那應該不是存在於人種之間，而存在於階級之間。

——《約翰・克利斯朵夫》

為了給人類帶來安慰與光榮的最美、最高尚的藝術，
再多的痛苦都是值得的。

——《約翰・克利斯朵夫》

大部分聽眾感興趣的不是音樂，而是音樂家。

——《約翰・克利斯朵夫》

藝術最重要的不在於不理解藝術的多數大眾，
而在於熱愛藝術、堅持以之自許的濃厚謙遜之態度，
並願為藝術奉獻的極少數人。

——《約翰・克利斯朵夫》

你說你想成為偉大的人，
所以要製作歌曲。
而你又為了製作歌曲，
想成為偉大的人。
這簡直就像追逐著自己尾巴團團轉的狗……

——《約翰・克利斯朵夫》

藝術是被征服的人生，

是生命中的帝王。

——《約翰·克利斯朵夫》

米開朗基羅是抗拒力極強的金屬所打造的，

他和拉斐爾一樣，

都不願成為師匠之類，環境所壓迫的個體。

——《米開朗基羅》

沒有比創作更令人高興的事。

除了創作者之外，

沒有真正生活著的人，

頂多只是個沈浮於人間卻與生命無關的影子。

生命的所有喜樂，戀愛也好，

才能也罷，行動也一樣，

全都是創作的喜樂。

——《約翰·克利斯朵夫》

愛為了使人覺醒、使人行動，

為了振翅高飛而植下羽翼……

那火光每到第一階段之後，

對這個世界不滿的靈魂便開始朝創作者的方向爬去。

——《米開朗基羅》

藝術的力量不在於思想，

而在於藝術賦予思想的表現。

—— 《托爾斯泰傳》

那個作品似乎還有著某種價值，

但因為作者的名字不為世人所熟知，

竟變得一點價值都沒有⋯⋯

—— 《約翰・克利斯朵夫》

「寫作技巧的首要法則：

清楚地敘述，正確無誤地說出自己的思想。」

「照你所想的去思考，

但是，要用每一句話都能讓人理解的方式去思考。

如果全都是清楚的詞句，就應該不會錯誤才是⋯⋯」

—— 《托爾斯泰傳》

大藝術家大多不會厭惡任何東西。

所有健全者的第一條法則就是生活本身。

然而，面對天才，

生活會變得更加強韌。

因為天才生活得更多。

—— 《約翰・克利斯朵夫》

善於模仿的演員，

是藝術的模特兒。

——《約翰‧克利斯朵夫》

請原諒我說這樣的話！在此之前，

我一直以為只有我的國家才是偽善者的國家。

德國老是犯著一邊追逐自己的利益，

一邊還將理想主義掛在嘴上的偽善毛病——

只想著對自己有利的事，

還自以為是理想主義者。

然而，你們更嚴重，

竟然利用藝術和美（或者更誇張的藝術和美）的名義，

遮掩國民普遍淫猥的風潮，

卻不遮掩自己在其它方面以真理、

科學或知的義務等為名的衛道主義。

你們的衛道主義，那種傲慢的探求，

將來不知會產生什麼樣的結果，

而你們卻一副與我無關的樣子。

要為藝術而藝術啊！這是多麼偉大的信念。

然而，那可是個只容許強者的信念！

藝術，如同鷙鳥取食般緊抓住人生，

將人生擄往天空，一同升上清澈廣大的天空。

因而，利爪、有力的羽翼與強勁的心臟是必要的。

然而，你們只不過是小麻雀罷了！

——《約翰‧克利斯朵夫》

歌德說：

「詩，對於沒什麼話說的人來講，是最恰當的。」
—— 《約翰‧克利斯朵夫》

當作家因一部傑出的作品而受人矚目，
大眾便會開始妨礙他創造第二部好作品。
冥想的才能就算情非得已，
也會被埋沒於世俗的喧囂當中。
—— 《約翰‧克利斯朵夫》

沒有所謂職業的秤鉈、
沒有強烈的真實生活支撐著、
自己的肉體感覺不出每日工作的刺激感、
沒有必要賺取麵包……的藝術，
缺乏其應有的力量與最優秀的部分。
—— 《約翰‧克利斯朵夫》

強健的藝術家生存於自己的藝術當中，
多過生存於自己的生活當中。
—— 《約翰‧克利斯朵夫》

巴黎的作家為了假裝好像在思考什麼新的東西，
總是大費周章。
—— 《約翰‧克利斯朵夫》

約翰・波爾說：

「最需要詩人的時代就是有沒有詩人都可以的時代。」

——《越過戰爭》

「不再只對著少數人，而必須對著大眾說話。

所以，我不得不改變文體。

為了讓每個人都能聽清楚我所說的話，

我用了比我曾使用過的還要多的文字說一點點事。」

（《給德蘭貝爾的書信》序文）

——《盧梭論》

藝術不該再要求像今天一樣的複雜技巧，

而應朝著古典健康的藝術、荷馬式的藝術之特徵——

純樸、清澄、簡潔的方向邁進。

——《托爾斯泰傳》

要將藝術作品完完全全變成自己的東西，

本質上有兩個重要因素：愛與智慧。

然而，對他（斯湯達爾）而言，

愛才是不可或缺的東西。

因為愛是開放智慧之窗的鎖鑰。

不幸的是，在從事藝術創作的人之間，

愛是極其稀有的東西。

——《斯湯達爾與音樂》

狄德羅如是說：

「作家若是不先仔細模擬演員的優缺點，
就開始創造劇中人物，便無法期待演出的成功。」
──《約翰·克利斯朵夫》

藝術是我們的守護神。

想要了解這一點，

必得先熟悉藝術之家……

作品是為了給藝術──

一個能夠整合安置的場所而被製作出來。

美，便是符合這個場所的最美的東西。

──《高拉·布洛寧》

席勒說：調和、真實、秩序、完美……

都能為帶來我喜悅。

因為，在創造及擁有它們的人的活動當中，

它們將我引導到它們的世界。

「完美若能讓我們有所領會，便會成為我們的東西；

我們若能與理想主義的高度融合性有所交流，

便會因為愛而彼此結合在一起；

若是我們在身上種植了喜悅與美的種子，

便能收獲到美與喜悅的果實吧！」

──《第九交響曲》

歡樂、力量、知性，

是民眾戲劇的主要條件。

—— 《民眾劇論》

過去的藝術，

四分之三以上是死的東西。

這並非法國藝術的獨特事實，

而是一般的事實。

僅僅是過去的藝術，

對人生並沒有什麼用處，

反而可能對人生有害。

健全且正常的生命，

其必要條件是隨著生命的更新

而源源不絕地產生新的藝術。

—— 《民眾劇論》

我非常清楚，我的性格有時會令人難以理解。

我這謎樣的外表並非由於我的性格使然，

而是由於別人無從得知的我的人生之各種狀況所造成。

除卻藝術作品所帶來的表面與偽裝的告白之外，

沒有人能隱藏得住自己的內心世界與感情生活。

—— 《戰時的日記》

完全沒有道具和服裝的單純練習，

往往比精采的成功演出更給人幾百倍強的印象。

——《民眾劇論》

我讚美並深愛現代的智力與生命力，

然而我並不覺得洋溢藝術之美的古希臘時代，

其精神層面有足以與佛教文明匹敵的貢獻。

美的本能存在於人的內心。

但是，美只在意料之外的事物上開花，

結果。它是在各個時期凋落

且絕不會再開第二次的尊貴花朵。

我們知道它將走上滅亡之路……

一切都必得滅亡。

但是，我們要延遲其滅亡的速度。

一部傑作的滅亡，便代表一個天才的消逝，

因而天才在我們的想像空間中並不會太多……

——《戰時的日記》

人類朝著蟻塚的理想邁進。

最敏感的昆蟲——藝術家、知識分子，

在很早以前便現出徵兆。

正因為人們只把它看作一場遊戲，

所以並沒有注意到那些徵兆。

——《克勒蘭堡》

必須描寫感情的變化！

民眾是因為「感覺」而前往劇場，
並不是為了「受教」。
——《民眾劇論》

他的知性原本非常誠實，

然而，他悄悄地把自己偽裝起來，

試著用相反的理由，使自己憎惡的本能正當化。

——《克勒蘭堡》

熱血會冷卻，理性卻會殘留下來。

不要放棄尋求理性與愛……

在血火之浴後的廢墟當中，

將會長出新生的嫩芽……

——《越過戰爭》

嘗試著在藝術當中表現自我之前，

我早已擁有自己的藝術理念。

「不是為了使人類更好，而是為了活得更有生氣，

為了激起熱情。不論好或不好都無所謂，

只要那是能讓生命的精靈燃燒起來的動力……」

——《回憶錄》

沒有內容的名家才藝，

是藝術的沙漠！
——《今日的音樂家》

否定擁有兩倍於肯定的力量，

這是法則之下的結果。

將石頭往下丟，總比往空中拋容易得多……

　　——《約翰‧克利斯朵夫》

利用沒有判斷力的大眾情緒，

得到厚顏無恥的成功，

這些平凡的作品一出現在我眼前，

我便拒絕得來極為容易的成功。

　　——《米開朗基羅》

民眾戲劇的目的，

不只是為了藝術以及人類精神的偉大之處。

賦予人生價值的所有創造當中，

戲劇得到人們永無止境的尊重。

戲劇是人類在自己的思想當中所鐫刻的人類雕像，

那是宇宙燃燒起來的姿態，

是比宇宙更廣大的宇宙……

　　——《民眾劇論》

最重要的不是音符，

也不是音符與音符之間的關係，

而是音符組合起來之後如張弓般的內在張力。

——《第九交響曲》

一般來說，只有喜劇還不夠。

笑是一種力量，

對付惡德的機靈諷刺也能滿足理性。

然而，從中找不到足以引發行動的強大力量……

——《民眾劇論》

我從不在意是否能到達目的地，

因為我對途中的風光極有興趣。

只要那是往我自己所選擇的方向前進的道路，

我一向不急著趕路……

——《歌德與貝多芬》

民眾戲劇的首要條件是──它必須是一種安慰。

首先，民眾戲劇的好處必得是讓辛苦工作了一天的勞動者

在肉體和精神上都能得到休息。

所以，未來劇場的建築師，他們的任務是：

不要再和以前一樣，

把便宜的席位弄得和刑場沒有兩樣。

——《民眾劇論》

表現勞動的苦楚，

並盡其所能地表現在激烈的痛楚中的人生之詩意與美，
便是米勒創作的目標。

——《米勒》

我的青年時期中的十年，
完全是由古典戲劇所培養起來。
一旦我對生活感到疲憊，
那兒便成為我的避難所。
然而，這些古典戲劇是離——
我的生活、不安、夢想、每日的奮鬥很遠的東西。
——《民眾劇論》

希望我們的詩能夠對日常生活裡的悲劇更加關心，
並且能為了使其更具有永恒與神祕的特性
以及心靈音樂等內涵而努力。
——《民眾劇論》

戲劇的前提是——
貧困且不安的生活會在夢想中尋求思想的避難所。
若是我們能過得更幸福、更自由些，
或許我們就不會渴望戲劇，
生活本身也會變得更有光采吧？
幸福且自由的民眾比戲劇更加需要祭典，
因而民眾本身的生活通常也就成了最美的東西！
——《民眾劇論》

在法國，

讚美一位藝術家，
必定要犧牲所有與他不同的藝術家。
——《約翰·克利斯朵夫》

處於思考人類的心及付諸行動的狀態就夠了，
千萬不要代替民眾去思考或行動。
——《民眾劇論》

藝術的目的不是為了消滅戰鬥，
而是為了加上百倍的生命、增強生命、
壯大生命、使生命更好。
所以，如果其目的在於愛與融合，
那麼，有時候，
憎恨也可以成為武器。
佛伯·桑·特瓦涅街的某個勞工向正演說著
「一切憎恨都是惡」的演講人員說：
「憎恨是善事，是正義。
促使被壓迫者反抗壓迫者的就是憎恨。
我一看見有人在壓榨別人，
我就會憤怒，並憎恨那個人。
而且，我認為自己這樣做是正確的。」
不憎恨就等於不愛善。
見到不義不正之事而不生與其抗衡之心的人
稱不上是真正的藝術家，
也稱不上是真正的人。
——《民眾劇論》

作品的批評應該是就作品本身，

而不是就作品的意圖。

——《回憶錄》

藝術正陷於利己主義與無秩序當中，

被少數人獨占，並使民眾遠離它。

民眾當中最多數、最活潑的一群，

一點都未曾在藝術當中有所表現。

藝術由於被濫用而成了專屬於感覺遲鈍之人的掌中物，

因而產生了嚴重的思想貧乏。

對藝術而言，這是個嚴重的危機。

——《民眾劇論》

我們必須以民眾為依據創作藝術！

不是詩人的靈魂和國民的靈魂協力製作出來，

或集群眾的熱情培養的作品，

都不能稱之為偉大的民眾藝術。

——《民眾劇論》

我渴望自由音樂裡的自由對談、

沒有小節分割的曲譜、永無止境的變奏……

換句話說，我渴望音樂語言的自由。

每個人都期盼像說話般自然、自由、活潑，

像古時的舞蹈般有韻致的音樂之勝利。

——《今日的音樂家》

世界上只有兩種藝術，

一種是啟發生命（生活）的泉源，
一種是對因習的滿足。
—— 《回憶錄》

在看起來似乎一切都已失去的一瞬間出現奇蹟，
這是戲劇中最精采的瞬間。
—— 《第九交響曲》

不論劇場或音樂會的教育價值如何，
單單只有這些，對民眾來說，是不夠的。
為了使這些活動能夠切實地持續下去，
有必要將這些活動與學校活動結合在一起。
音樂及其它任何思想的表現，
都承受不了「文盲」的打擊……
—— 《今日的音樂家》

沒有偉大的人格，不足以成為偉人，
更遑論成為偉大的藝術家或偉大的行動家。
如果可以，或許只能成為下流愚眾的空洞偶像罷了！
但時間總有一天會毀滅一切。
成功對我們並不重要，重要的是真正偉大的事物。
而看起來，偉大根本不成問題。
—— 《貝多芬傳》

美術的目的不在形態，

而在於表現。

什麼都沒說的東西描繪得再多，

也製作不出什麼東西⋯⋯

——《米勒》

貝多芬是個有思想人，

也是純潔而富有實踐性格的理性之人。

他不是只有聲音這種不完全性語言的猜謎便能滿足的人，

他還想要強制斯芬克斯（Sphinx，古埃及獅身人面怪，常

向路人出謎題，未能解答即殺之），

說出從意識深處尋找出的「根本真理」。

只有「根本真理」才是他的生命之軸，

才是他藝術與倫理中頑強性格之支柱。

——《第九交響曲》

只有音樂才是知識另一更高層次的世界，

它包圍著人，

並且也是在那無法以形象捕捉的世界裏，

唯一沒有指標的入口。

——《歌德與貝多芬》

貝多芬如是說：

「感動是很適合女性的，（失禮了！）但對男性來說，

音樂的創作就非得讓靈魂迸出火花不可。」

——《歌德與貝多芬》

・卡諾　純潔受胎

科學與藝術的活動，

只有在不要求任何權利而只認得義務的時候，

才會開花結果。

——《托爾斯泰傳》

我想讓你看看這片森林是如何的美。

在結束一天的工作之後的黃昏時分，

我時常在森林裡漫步，

每次都全然折服而歸。

其寧靜與莊嚴，實在令人油然生畏。

我不知道樹木彼此在說些什麼，

但是，我確信他們在互相低語。

我們不了解它們在說些什麼，

只不過因它們使用的語言與我們不同罷了。

但是，我總覺得它們並不是在談論無聊的事……

——《米勒》

．卡諾瓦　裝扮成維納斯的寶琳．波那帕特．波哥塞

在歌劇創作者心中，

歌劇一直被認為是古代悲劇的復活。

因此，歌劇音樂的每一種類便等於文學中的一種體裁。

——《約翰‧克利斯朵夫》

任何東西只要合時合宜，便是美的。

反之，要是不合時宜，便不能稱之為美。

筆直的樹和彎曲的樹哪一種比較美？

適得其所便是美。

我的結論是——美的東西便是合適的東西。

換句話說，在適當的場所盡情地說想要說的話，便是美。

——《米勒》

貝多芬說：

「大部分人都會被美的東西所感動。

然而，藝術家的本質並非如此。

藝術家是火，絕對不掉眼淚……」

——《歌德與貝多芬》

任何東西都沒有真理重要。

就像桑特‧貝芙所說：

「美和善到最後都會引導出各自可能的工作。」

這是與虛假之間的戰鬥。

——《回憶錄》

音樂是近代的大毒素之一，

就像是暖氣或懶洋洋的秋天般慵懶的暖意能挑起人們的官感，
也能消滅人們的意志。
──《由革命而來的和平》

「貝多芬的音樂才能並沒有因為變聾了而有所影響。」
歌德不是音樂家，他是如何正確地了解這一點呢？
因為他完全看清了，
會受到打擊的只有凡人，
音樂家則不會。
──《歌德與貝多芬》

從別人的背後走去，絕非前進。
不知道從自己的內心深處創造的人，
不能從別人的作品中得到任何利益。
──《米開朗基羅》

不管風景還是人物，
不是藉由眺望自然所留下的印象，
我什麼都不想畫。
從人們不直接而率真地藉由自然的印象，
卻用筆的靈巧奪取自然的地位之時開始，
美術便開始衰退。那便是頹廢的開端……
──《米勒》

我們利用人類精神上的榮譽感，

並不是為了民眾，而是為了此種榮譽感，
才促使民眾和我們一起勞動。
——《民眾劇論》

國會議員眼中的美很可能是民眾眼中的醜。

我們的要求也一樣，很可能與正當的大眾所要求的相違。

——《米勒》

美術在現代只不過是裝飾品，

是客廳裡的一種嗜好罷了。

然而，在過去的時代，

即使追溯到中世紀，

美術乃是昔日社會的棟樑之一，

是社會的良心、社會宗教性之情感的表現。

造成這個墮落的責任，不只在美術家身上。

這是社會全體的責任，

尤其是社會領導者及自稱領導社會的人——

有知識的貴族階級之責任。

——《米勒》

民眾在某些狀況下不會在乎美不美，

卻不能沒有真理。

我們絕不能要求民眾去尊敬或讚美他們所不知道的東西。

——《民眾劇論》

人可以不照其本性而照其理性完成。

但是，直接訴諸其本性會更好。

——《民眾劇論》

托爾斯泰如是說：

「科學與藝術就像麵包與水一般重要，甚至更加重要。

真正的科學了解其使命，

並且是使人類得到真正幸福的知識。

而真正的藝術則是——

所有人類的使命與真正幸福的知識之表現。」

——《托爾斯泰傳》

非常偉大的評論家和創造偉大的藝術家應該並肩前進。

但那是極少見的，甚至比創作家還要來得稀少。

因此，創造的天才是必要的。

理解的天才犧牲了創造的天才，

並讓樹液逆流到根部的地方……

求知的欲望抹殺了生存本身。然而，

對知識來說，存在並未擁有更多祕密。

偉大的評論家打通了創造中樹液的所有水路並深入其中，

擁有創造。

——《回憶錄》

只有音樂才是真正將精神生活引領至感官生活的媒介。

——《歌德與貝多芬》

PART 6

教養

囫圇吞棗地閱讀的現代人，

早已不知道細細品味好書時所散發出來的微妙力量。

——《約翰‧克利斯朵夫》

除了星期天以外，

都不能高高興興地看書，

所以我一直很羨慕能在每天晚上看書的大人。

我希望快快長大！

因為書本讓我忘卻了每天的不愉快。

對令人掛心的小事用很大的心思，

書本活潑潑地展現了無限自由的天地。

為了超越書本，

書本借給我羽翼與更強壯的肉體，

還給了我勇氣，並讓我樂在其中。

——《回憶錄》

到底是什麼讓我如此感動，

並讓我簡直如同對待家人般地執著？

他們可是我的家人？還是我自己？

或者只是個不相干的人？

我真為不知書本之魅力的可憐人感到悲哀！

得意洋洋地輕視過去，

看重現在的人是多麼令人驚訝的短視者啊！

難怪他們滿足於現況……

——《被蠱惑的靈魂》

人生是——

在書本外面聽時，音色不一樣。
——《被蠱惑的靈魂》

理論家和氣象學者很相似，
他們都是使用術語去談未來的天候和現在的天候。
他們是指示風將會由哪個方向吹來的指標。
當風向改變的時候，
他們總以為是自己將風向改變。
——《約翰·克利斯朵夫》

基於真實生活的唯一真實的道德，
可說是不偏不倚的中庸之道吧！
今日的人類社會卻只知道壓迫與死心——
讓謊言緩和下來的道理罷了。
——《被蠱惑的靈魂》

在不知不覺中，人生流失了。
於是，不斷出現無言的反抗。
沒有愛、沒有行動、沒有奢侈、
沒有不可磨滅的喜悅之人生，
早已失去了一切。
去享受所缺乏的事物吧！這才是人生……
——《被蠱惑的靈魂》

絕不偽裝、絕不屈從，

我循著這兩道原則之光前進……

—— 《內心的旅程》

身體與思想是永遠不同步前行的雙胞胎。

他們的成長過程總是其中一個會在途中躭擱，

另一個則快步前進。

—— 《被蠱惑的靈魂》

強制性的教育方式，

即使是在大學裡，

也只會製造出人類所不需要，

卻是頹廢的社會所需要的人，

如官僚、御用教授、御用文學家，

或是毫無目的地與他們昔日的遭遇隔離，虛渡青春，

而且一生都找不到什麼正經工作的人，

亦即病態、焦躁的自由主義者。

民眾很清楚自己要的是什麼。

民眾之所以不能接受知識分子教給他們的讀寫方式，

自有其相當的理由。

因為，他們有其它更切實際、更正當的精神要求。

我們應該了解這一點，並幫助他們滿足要求。

—— 《托爾斯泰傳》

我們必須將社會的良心

從虛偽中解救出來！

—— 《戰時的日記》

自尊心真是值得稱讚！

它真是一種神聖之物！

自尊心是健康的，

是污泥中神聖之物獲得肯定、得救的道路。

在沒有愛的孤獨當中，

有誰能不依靠自尊心而奮鬥？

如果不相信自己擁有應該守護住的至寶，

不認為自己會因而得救或死去，

人如何能夠去戰鬥？

—— 《被蠱惑的靈魂》

不管境遇如何，

如果能夠處於靈魂所希望的自由狀態，

就算景況多麼艱苦，也非常了不起。

跨越全世界，

有著四海一家之精神的人，

不管經歷了什麼事，

如果還能以和悅相待，也非常了不起。

—— 《戰時的日記》

人類是

集合所有偉大之靈魂的一首交響曲……
——《戰時的日記》

不管是哪一種骨頭，

不管是哪裡來的骨頭，

骨頭就是骨頭，

膜拜它就是崇拜偶像。

物各有其所！

死人就該待在墳墓裡。

我相信活著的人，

我相信現在是正午，

我相信現在的我正喝著酒，

正思考著某種概念……

我還相信一點一滴地過濾人類知識與經驗的書籍。

——《高拉·布洛寧》

只有對真理的愛，

才是絕不背叛我們的唯一之愛。

只有耐心、熱切地探求真理，

才是唯一永恒的幸福。但是，

幾年以來，我們漸漸了解，

我們不能不對自己每天所接觸的所有事物死心，

不管是財富、名譽、幸福、戀愛、工作或生命……

——《愛與死的追逐》

J・喬勒斯如是說：

「人類精神中最深刻、最高貴的東西，莫過於對統一的要求。」
—— 《越過戰爭》

真正能夠教育民眾的，

是學校（托爾斯泰認為那是滑稽的東西）以外，

托爾斯泰所說的——

「沒有意義的學校」或「自發性的學校」，

例如，報紙、博物館、圖書館、街頭、實際的生活等。

—— 《托爾斯泰傳》

現在，我試著統計年尾的總結算。

在六個月內，我失去所有的一切——

我的妻子、家庭、金錢，還有我的腳。

然而，最有趣的是，

在結算最後的差額時，

我發現我還是和以前一樣富裕。

可是，我不是已經一無所有了嗎？

對啦！我身邊什麼都沒有了。

但那是因為我已經放下了所有行李。

真是舒暢！真是自由！

我從來不曾暢遊在自己的想像裡……

但是，在前一年，

有誰想過可以如此暢快地過活？

—— 《高拉・布洛寧》

舊道德命令人們避重就輕，

新道德則教人們不冒險就得不到任何東西，

也不能成為任何東西。

——《被蠱惑的靈魂》

即使是人類的所有瘋狂，

也不能使理性的光明印記和理性之美沾上一點愁容，

反而能使之更加光輝燦爛。

即使是世界上的任何戰爭，

即使人類常常迷失前路、常常退步，

也不能阻礙人類最終找到更高更遠的道路……

——《戰時的日記》

歷史學家是天生的書記、國家的公證人與代理訴訟人，

他保存了國家的憲章、文件與訴訟資料，

為將來的裁決工作做了萬全的準備！

歷史！歷史是什麼？

成功的歷史不論正不正當，

都是既成事實的證明。

成功的人沒有歷史可言。

——《克勒蘭堡》

知識分子的工作是以細心地訓練對知性的勤勉、

果敢地探求真理的公正性、

誠實地發表思想上的自由等三點為首要任務。

——《由革命而來的和平》

知識分子

必須是勞動階級所建設的道路之偵察員。

——《鬥爭十五年》

必須是真正的正義！

不能只因測量了一切重量並愛所有一切，就感覺滿足。

要有所選擇！

正當的事物就是了不起的事物。

但是，真正的正義是不能放在秤子上衡量的，

應該用判斷，並且去實行判斷的結果。

——《一九二六年一月二十四日的手札》

偉大的靈魂就像高峰一般，

忍受著風吹雲遮。

然而，也只有在高峰上，

才能飽滿夠勁地呼吸。

那兒清新的空氣足以洗盡心中的污濁，

而且在風消雲散之後，

還可以俯視所有人類。

我不認為有很多人能在峰頂生存，

但我祈禱每年能有一天可以登上山頂巡禮。

在那兒，

我的肺臟裡的氣息與血管裡的血液便能暢通、甦醒……

——《米開朗基羅》

從搖籃到墳墓為止，

缺乏廉恥的兵役法一直把民眾當成奴隸……

——《米開朗基羅》

我想像中英雄的歷史，

並不是像汽車的後車燈一般，

用顫抖的微弱燈光無力地照著四周，

而是如同黑夜中的燈塔，

不但照出了大海裡船隻的位置，

還顯示了船隻來去的方向。

——《民眾劇論》

法國的輿論一直賣身給與企業家聯手，

毫無羞恥心的報紙。

在這種興奮與混亂的危險時刻，

所有雙眼明亮者的義務是——

明白地說出事實，並引以為己任。

——《由革命而來的和平》

我們希望和平！

在缺乏變革的社會組織當中，

和平不可能成為事實，

也不可能安定下來。

和平要靠革命取得！

——《由革命而來的和平》

許多朋友間的交往，

幾乎都是為了向對方傾訴自己的事，
以求自我滿足罷了。

——《約翰‧克利斯朵夫》

對真正的藝術家來說，
重要的不是永遠鎖居於內心的世界不再出來，
也不是一直躲在僅容自己藏身的安全場所。
重要的是，藝術家必須從內心世界汲取新的力量，
然後，重返行動的世界。

——《由革命而來的和平》

這世界最璀璨的天才像惠特曼或托爾斯泰一樣，
歌頌著悲喜世界中的同胞愛，
或者像具有拉丁精神的人一樣，
用他們的判斷力
擊破隔離個人或民族之間的憎惡與無知的偏見。

——《越過戰爭》

老是拘泥於某個歷史片段之精神的近視時代早已過去。
人們必得教導新一代人類精神的全體，
亦即包含了所有生命之共同性質的大融合，
而且自己也必須去學習。

——《戰時的日記》

今日的報章雜誌的確是謊言的巢穴，

十個讀者中，可能有九個會被謊言迷惑。

——《內心的旅程》

沒有一成不變的法則！

法和人類一樣，

有生命，會變化、毀滅。

法是靈魂的一種形態。

靈魂一旦長大，

法也應該會跟著長大！

只有合我身高的法，

才是正當的法……

是鞋子要合腳的尺寸，

而不是腳要去合鞋子的尺寸……

——《克勒蘭堡》

J‧喬勒斯說：

愛國心的真正形式，

是所有國家對自由與正義的平等權利；

而每一個市民的義務，

便是擴大自己的國家自由與正義的力量。

為了愛國與為國奉獻，

不得不誹謗其它國家與人類的偉大精神力，

這樣的人是可憐的愛國者。

——《越過戰爭》

世間每個人似乎都喪失了屈辱感。

這是最糟糕的事。

他們唯唯諾諾地服從任何事,

一點都沒有注意到自己正在逐漸墮落。

——《內心的旅程》

難道你要說,

英國之所以奴役印度,

是因為印度不用力去抵抗暴力的緣故嗎?

事實完全相反。

英國人之所以會奴役印度人,

是因為印度人以往把暴力視為社會組織的根本原理,

且而今仍舊認同這一點。

他們基於這個原理而服從他們的小君主,

去同他們的伙伴、歐洲人、英國人戰鬥……

一個商業機構——

人數僅有三萬,卻使兩億人口成了奴隸!

將這件事試著向從偏見中解放出來的人說說看!

就憑這些數字,

便可知道奴役印度人的不是英國人,

而是印度人自己。

這不是顯而易見的嗎?

如果印度人是因暴力而成為奴隸,

那是因為他們是靠暴力生存,

而且現在仍舊靠著暴力生活,

卻一直不認同人類特有的愛的永恒規則。

——《托爾斯泰傳》

人們對最優秀者所做的判斷，

往往沒能充分思考——如適度、良知與均衡等問題。
人們之所以判斷錯誤，
是因為習慣將優秀人物和這時代的一般人相比較所致。
——《內心的旅程》

人們勇敢地在政治領域為真理而戰。

然而，在藝術領域，更需要去擁護真理。

所以，藝術與真理不應該被區分開來。

正義的原理不是情緒，

也不是摸不著的感傷，

而是知性，是精神的靈敏度。

知性的健康對行動和革命來說，是最重要的。

違反了這些，不管用任何方法，

不管是在有限或寬廣的範圍，

不管是對政治家、法律專家、學者或藝術家，

都是犯了罪。

人的靈魂當中必須培養對真理的愛與感覺、激烈的欲求，

以及看清事物和人的習慣。

而且，即使是用強迫的，

也一定要解救令人麻痺、歡愉、安慰，

最後卻會毒害意志的幻覺，

以及被束縛於其中的人。

唯一的解藥就是真理，

亦即看人生的真正面目，

說人生的真正面目。

理想主義者的義務和現實主義者的義務完全相同，

都是以對現實的觀察、

現實中的事實和現實的感情為基礎。

朋友之間的誤解，

只要沒有第三者介入，絕不會成為什麼大問題。

然而，第三者總是會出現。

這世上有太多人對別人的事感興趣，並喜歡讓彼此的關係複雜化。

——《約翰・克利斯朵夫》

在這個基礎上面，

不管是建造小老百姓的家，

還是建造詩歌般的宮殿，

不管是寫作寫實主義的喜劇或英雄劇，

都可以照他們所想的去做。

這是他們的自由。

但其作品必須緊緊地與大地相繫，

加入大地的生命！

所以，藝術家為了創作，

應該盡情、認真地看清事實！

——《伙伴們》

雖然不浪費金錢，

但是，一遇上感傷癖，

便沒有辦法節制，淚水立刻盈眶；

見到悲慘的情況，便深深地感動，

也讓那些不幸的人感動。

——《約翰・克利斯朵夫》

他從不害怕說謊。

即使說了謊，也不會感到良心的苛責。

以前他總樂於使自己的意志屈從於克己主義的生活原則，

如道德、義務，而今他不再認為那是真實的東西。

——《約翰·克利斯朵夫》

鄉下地方古老的中流階級人士只信賴自己的良知。

他們自信滿腹，並驕傲地認為，

並沒有自己的良知解決不了的問題。

——《約翰·克利斯朵夫》

「目的使手段正當化。」這並非真實。

手段對於真正的進步來說，

甚至比目的還要來得重要。

因為，人類的精神是靠遵循正義的步調，

或暴力的步調而形成。

如果人類的精神是靠遵循暴力的步調而形成，

那麼，不管哪一種政治型態，

大概都無法制止強者壓迫弱者吧！

——《鬥爭十五年》

我心目中兩位擅於調和的大師是莎士比亞與歌德。

雖然兩者原本很難和解，

但就在夢與行動、悲觀與樂觀之間，

提供了和解理想和現實之法。

——《伙伴們》

PART 7

政治・戰爭・反抗

愛好藝術的人一旦手握權力，

便會變成東洋的小專制者。
——《約翰·克利斯朵夫》

政客一向使用一種叫作
「幸福」的粗糙、騙小孩子的夢……
大膽地說，就是只能讓人們
得到握在「權力」手下的「科學」的「快樂之夢」，
向飢餓的顧客炫耀。
——《約翰·克利斯朵夫》

到底要投票給什麼人？
候選人不會只有一個。
每個候選人對我來說，都是陌生人。
而且，由於很多理由我知道，
他們會在當選的隔天，
很快就背叛他們所宣誓遵行的信念。
難道一定得監督他們，
隨時提醒他們不要忘了自己的義務？
做這些事可能會浪費我一輩子！
——《約翰·克利斯朵夫》

從演講台上發表出來的言語，會使思想變形。
——《約翰·克利斯朵夫》

讀書人輕蔑政治人物，

政治人物瞧不起讀書人。

——《約翰·克利斯朵夫》

演講是屬於在無聊的喜劇與精通世俗的萬事通之間來往，
像暗礁之類的東西。

——《約翰·克利斯朵夫》

代議士表決自己津貼的漲幅。

——《約翰·克利斯朵夫》

頭髮的顏色是褐色或棕色，

身高是高或矮，

膚色是白色或黃色，

對我來說都一樣。

大家都一樣去愛，

一樣流著血，一樣會死。

我愛所有的祖國，

沒有一個祖國會妨礙我。

但是，我們的祖國——無產階級的祖國，

卻得不到生活的權利，

所以我們才不得不從同伴身上搶奪生活的權利。

——《被蠱惑的靈魂》

他做了任何人都會做的事——

濫用不論是否能獲得的權力。

——《被蠱惑的靈魂》

他毫無憎恨，抱著對同伴、人類，

對世界和神聖的思想之愛，

出發前往戰場。

為了從人類當中將戰爭解放出來，

他甚至夢想著讓敵人自由。

他付出了一切也失去了一切，

世界在捉弄他，

當他認識了語言的重複不可靠時，為時已晚。

政治賭徒的盤算，

實際上是極醜惡的，

而他在那兒只不過是棋盤上的一只棋子而已。

——《被蠱惑的靈魂》

時間比我們所想像的還要有限。

——《被蠱惑的靈魂》

還好，很快就會死去！

世界上最可怕的莫過於破壞別人、使人墮落，

並誇耀自己是其中一分子的人。

——《被蠱惑的靈魂》

歌德說：

「戰爭、商業、海盜，三位一體。」
這個三位一體有著資本主義的稱謂。
——《被蠱惑的靈魂》

精神不是任何人的隨從，我們才是精神的隨從。

我們沒有其他主人。

我們是為了揭示並守護精神的光明，

並且集合所有可能迷失的人而生存。

我們的義務是——維持一個固定點，

在暗夜的激情漩渦之高潮時，

指示北極星的所在……

我們只尊重沒有國境之限制、

人種或階級之偏見的自由這唯一的真理。

當然，我們也絕不會捨棄對人類的關心。

我們是為了人類，為了全世界的人類而工作。

我們不知道所謂的全體國民，

我們所知道的是世上唯一僅有的民眾。

他們是受盡苦難之鬥爭，跌倒了會再爬起來，

且一直在灑滿自己之血液的道路上前進的民眾——

全都是平等的弟兄，萬人集合起來的民眾。

所以，只有在他們和我們一樣，

意識到這種友愛的時候，

我們才會在他們無理取鬧的戰爭中，

高高舉起契約之櫃——多種融合為一的永遠自由之精神。

——《精神的獨立宣言》

眾人皆知，

審判是一種依金錢之多寡，將白說成黑的技術。

——《高拉·布洛寧》

我是個有思想的人，

無法為任何主義或目的而放棄思想的權利與義務。

我不能不正視人生的複雜。

因此，在這次戰爭中，

我和所有黨派都起了衝突。

就舉一個最能觸動你的心的問題吧！

我曾告訴你，

將戰爭只歸咎於資本主義是錯誤的。

但是，現在我認為，

將戰爭只歸咎於一種政治形態、一種專制政治，

是最大的謬誤。

——《戰時的日記》

對自由的壓抑，

對反抗政府諸政黨的迫害，

對猶太人野蠻屈辱的放逐……

煽起了全世界的反感，

也煽起了我的反感。

像這樣的政策，

是人類所犯的一種罪行。

——《鬥爭十五年》

Ｆ・華・亞頓說：

「國家是個多多少少違反「正義」的組織。」
——《戰時的日記》

戰爭進行時，

有些人仍盤腿而坐，

從戰爭的乳房壓榨著乳汁……

所有階級、所有民族數以千計的特權者，

亦即地方官、暴發戶、德國貴族、

冶金工業家、投機分子托拉斯、

武器商人、大金融資本家、大工業資本家等，

為了他們自己的利益，

可以演出人類所有好與壞的本能……

——《先驅者》

昨天為了國王，

今天為了同盟，

下次是基督徒（偽善者），

再下一次則是清教徒……

大家都很相似。

即使是第一等人，

也不過和捆在他脖子上的繩子一般，毫無價值。

——《高拉・布洛寧》

大眾傳播的憂鬱症患者

慎重其事地說些沒頭沒腦的話，大吵大鬧。

——《戰時的日記》

我並不憎恨任何一個民族，

我對德意志民族並不抱任何「一絲絲的情感」。

對任何民族，我都抱持這樣的態度。

任何民族都沒有那麼高的價值。

然而，任何一個民族都有著擁有我所愛之靈魂的人。

不管它是屬於哪個國家，

只有那樣的靈魂才是我的國度。

——《戰時的日記》

安・里涅說：

在嚴重發作的狂人面前講道理，是絕對行不通的！

而手拿著油的人，就算是為了傷口或避風處的燈而準備，

難道就不會朝著火災處加油嗎？

——《戰時的日記》

人對於一個人或一個黨派，

不應該像奴隸般那樣執著。

那是怎樣的奴隸啊？

那樣的枷鎖就讓別人去承受好了！

——《戰時的日記》

這是所有政治的大騙局，

有狐國也有狼國，有老虎也有豺狼，
他們是在肚子填不飽時盯著餌不放的肉食動物。
——《戰時的日記》

你說，戰爭進行中，
人們已不再是學者、藝術家或哲學家。
為了保衛國家，人們不只犧牲了生命，
還犧牲了靈魂、精神、良心，
並且不得不污染它們，不得不使用謊言。
我絕對無法認同國家的防衛是思想的首要任務，
我認為思想的防衛才是首要任務。
我不會讓國家、國民或家庭比任何事優先，
我認為自由的良心才是最重要的。
——《戰時的日記》

我們在和平時期抨擊自由。
到了戰爭之際，
又將全權委託給國家。
他們放任低等的本能，
讓一切評論窒息，
扼殺一切自由，
毀滅所有的人道。
——《戰時的日記》

國家不是祖國！

將兩者混淆的，

是那些從兩者當中獲得利益的人。

——《戰時的日記》

我在今日戰爭中的態度，

最重要的是身為一個思想家的態度。

我的基本義務是攻擊不正、謬誤與憎恨。

特別是憎恨，不論它們來自何處。

因為，憎恨可能會帶來永遠破壞歐洲文明的危機。

——《戰時的日記》

・傑阿赫　以撒貝及其女

對待帝國主義，

要如伏泰爾的座右銘——「粉碎侮辱吧！」

——《越過戰爭》

有人因為追求潮流而成為革命家，

也有人是因其粗暴的性格而成為革命家，

還有人是為了實踐的要求，

為了英雄主義式的熱情而成為革命家，

更有人是因為奴隸的天性或附和的精神而成為革命家。

然而，他們通常並不了解自己，

因而總是隨風搖擺不定。

——《約翰·克利斯朵夫》

即使有兩萬倍的道理支持戰爭，

又有什麼代價可以補償那樣的不幸呢？

你的正義打倒了幾百萬個沒有罪的人，

這樣去補償其他人的不正與過失，值得嗎？

——《戰時的日記》

我比身為一個法國人更能感受到我是一個共和國的國民。

為了共和國，我甚至可以犧牲我的祖國，

一如為上帝犧牲自己的生命一樣。

我相信，未來的共和國將會包含整個地球。

——《回憶錄》

進步，

就快要成為未受教育者的宗教了。

宗教不是對未來的期待，它活於現在的永恒之物當中……

——《內心的旅程》

史懷哲如是說：

以前我認為可以信賴的朋友，

似乎有很多都已經消失了。

而今正因為你活得真誠，使我越來越了解你。

而且，愛你的，

也因而不得不再加倍付出他們的愛情與眷戀！

為了創造新的精神狀態，

我們必須去做偉大的事業。

到時候，我們便可以一同守在你身邊……

——《戰時的日記》

與每個國家的不人道對立的，

是每個國民的人性。

——《戰時的日記》

難道和你們想法不同的人都得被排擠在革命之外嗎？

革命不是一黨獨佔的東西。

我們都有想要停留在革命裡，

並且是身為一個自由人而停留在革命裡的抱負。

——《鬥爭十五年》

史賓諾沙如是說：

「和平並不是指沒有戰爭，而是指由精神的勇氣所產生的道德。」
　　　　──《由革命而來的和平》

以前的革命家都成了資產階級，

以前超脫世俗的人都成了附和流行的人。

昔日擁有獨立精神的人，

今天正掐著具有獨立精神之人的脖子。

二十年前的青年，

變成比以往他們所攻擊的老人更加保守的保守主義者。

　　　　──《約翰‧克利斯朵夫》

火車、卡車、鐵路、船舶、

工廠、工地、實驗室等人類的所有發明，

似乎都已經成為殺人工具。

　　　　──《戰時的日記》

精神是一種自然的力量，

它本身自成一個世界，

並有它固有的法則。

我們必須在互助合作之力量的自由運作當中，

尋求未來的革命方式。

　　　　──《鬥爭十五年》

.

PART 8

關於人性

人與人之間，

主要的區別就在於：

他們有些人是積極的，另一些人是消極的。

——《母與子》

常常，

一個人正在尋找的上帝就在他的身邊，

他卻不知道。

你和他一道渡過激流之後，才認識他。

——《回憶錄》

一切活著的人都有通向「靈魂」深處的林蔭大道，

但大部分活人都被擋住了去路，怯步了，

或是在叢林中迷失了方向。

——《回憶錄》

一個人必須擁有很大的力量，

才能知道自己的弱點，

才能使自己即使不能完全作主，

至少能控制自己的本性，

才能把宿命作為自己的工具而加以利用，

拿它當作一張帆似的，

看著風向把它或是張起或是落下。

——《約翰‧克利斯朵夫》

掩蓋了真實的面目，

靈魂被閹割的病人無力保持自己的信仰，
而以背叛自己為滿足，我稱之為「雙重人格」。
——《回憶錄》

一個元氣旺盛的人健康的時候，
能吞下所有力量，連有害的在內，
而且能把它們化為自己的血肉。
甚至有的時候，
一個人會覺得跟自己最不相像的成分反倒最具吸引力，
因為其中可以找到更豐富的養料。
——《約翰·克利斯朵夫》

每個人都在自己身上培養著五、六個小妖精，
隱藏得好好地。誰都不會拿它們誇耀，
只裝作瞧不見，
卻誰都不急於拋棄它們……
——《母與子》

人不能一下子改變自己的天性。
——《羅蘭與梅森堡的通信》

有兩種人類：「坐著」的人和「站著」的人。
——《母與子》

人不能要怎麼做就怎麼做。

志願和生活根本是兩回事。

——《約翰‧克利斯朵夫》

幾千年來，

人類和動物這樣親密地生活在一起，

卻沒有努力去互相認識……是的，

牠們的毛，牠們的肉，這些是認識的……

可是牠們的思想，牠們的感覺，

牠們究竟是什麼？

對於這些，人類一點也不操心。

他們不好奇，

他們不喜歡受干擾。

為了懶得多思多想，

他們乾脆不承認動物有思想……

可是，人與人之間互相認識並不比認識動物更多些。

人與人徒然混在一起，

每個人的生活中只充滿了自己。

——《母與子》

不能使自己的整個天性與他的事業

和他的創作完全融合起來的人，

絕不是一個偉大的人物！

——《回憶錄》

最有氣魄的人，

也只是造出角色給自己扮演，而並不為自己打算。

——《約翰・克利斯朵夫》

誰都不能自制，即使這個人並不是——

或者幾乎不是——嫉妒成性！

當你擁有一個年輕的身體，

充滿各種美好的小小欲望，

你能不讓自己心裏想，

要是有一筆財產，

你知道應該怎樣花用，

你比那些只會吃送到嘴邊的現成烤肉似地，

伸手接受現成財產的蠢傢伙，

在善於享用財產這一點上，

不知道強了多少倍嗎？

——《母與子》

一個人生活在一個陌生的環境，

絕不能無所沾染。

環境多少會留一些痕跡在你身上。

儘管深閉固拒，

你早晚會發覺自己已有些變化。

——《約翰・克利斯朵夫》

人要保全自己的本能，

比憐憫更為強烈！

——《母與子》

一個聰明人盡可批判別人，

暗地裏嘲笑別人，輕視別人；

但他的行事跟他們一樣，

僅僅略勝一籌罷了。

這才是控制人的唯一辦法。

——《約翰·克利斯朵夫》

不管你穿什麼衣服，

人總還是那樣的人。

人不能沒有別人而單獨過日子。

最自傲的人也需要保有他的一份溫愛；

而且形勢越逼他閉口無言，

他的不忠實的思想越會設法讓他露出馬腳。

——《母與子》

有的人認為自己的理智和邏輯能夠滿足便是一種愉快；

他們的犧牲不是為了人，而是為了思想。

——《約翰·克利斯朵夫》

他不拒絕拿別人的東西；

他拒絕的是——給別人東西。

——《母與子》

一個人要獨立，就非孤獨不可。

但有幾個人熬得住孤獨？

便是在那些最有眼光的人裏頭，

能有膽量排斥偏見，

丟開同輩的人沒法擺脫的某些假定者又有幾個？

要是那麼辦，等於在自己與別人之間築起一道牆。

牆的這一邊是孤零零住在沙漠裏的自由，

牆的那一邊是大批群眾。

看到這種情形，誰會遲疑呢？

大家當然更喜歡擠在人推裏，

像一群羊似的，氣味雖然惡劣，可是很暖和。

所以他們儘管心裏並沒有某種思想，

也裝作有某種思想（對他們，那並不難），

其實根本不大知道自己想些什麼……

——《約翰‧克利斯朵夫》

一個人不能同時愛幾十樣東西，

同時侍候好幾個上帝……

——《約翰‧克利斯朵夫》

各人有各人的煩惱。

每個人的煩惱都是按照自己的尺寸造成。
只不過，每個人的煩惱都不一樣。
——《母與子》

人們所害怕的，
正可以迷惑他們的神經。
歸根究柢，誰也不能否認，
人們所害怕的恰恰是他們所想望的事。
但是，敢於做自己所害怕的事，
卻不是人人都辦得到。
——《母與子》

人自出世以來，
就和自己生活在一起，
自己認識自己，相信自己。
連成整塊的一個人，
看起來很簡單。
人與人卻相像，
他們彷彿是從一個店鋪裏出售的完整的貨品。
可是，在使用過程中，
人們發現，在外衣下面，
有許多不同的個人！
——《母與子》

・沙維阿提　慈愛

和眾人相處而感覺寂寞，

就必須讓人與人之間都成為兄弟。

——《母與子》

人在懺悔之後，

是為了重新抬起頭來，

而且說：「我所失去的，

早晚我一定要把它拿回來，

不管是出於自願，還是出於強迫。」

——《母與子》

自己加於別人的傷是最疼痛的。

你不能把它當作自己的傷口醫治。

我們會生出新皮膚，它會結疤，

但我們不能替別人生出新皮膚，

於是他們的傷口就會使我們疼痛……

——《米開朗基羅》

最好、最慷慨的人心並不是最可信任的。

這種人並不恨任何人，

他們乾脆取消不順眼的人。

這種不動聲色地消滅別人，

其實比仇恨更可怕。

——《母與子》

本能有它自己的途徑，

而且是最短最好的途徑。

——《母與子》

人們在判斷一個人的行動時，

不能不考慮其動機，

這是他的自我寫照——他的利己主義。

為什麼要給「利己主義」這個詞加上貶義呢？

我倒想知道，

在沒有各種利己主義推動、影響和相反的情況下，

世界將會是什麼樣子？

利己主義是世界的動力。

上帝是最大的利己主義者。

對他來說，

對自己的愛就是對別人的愛，此外什麼都沒有。

他是生命的全部表現。

——《回憶錄》

強者發現事情無可挽救的時候，

能忘記人家加給他的傷害，

也能忘記自己加給人家的傷害。

但真正的強者並非憑藉理智，而是憑藉熱情。

——《約翰·克利斯朵夫》

各式各樣的人合起來，

才成其為世界。

——《約翰·克利斯朵夫》

在平常生活中，
人與人之間的關係很少以互相尊重為基礎，
更多的是以共同的本能和習慣為基礎。
——《母與子》

最能了解和描繪歷史人物的唯一方法是深入到他們當中。
若不能愛他們，就做不到這一點。
沒有同情心的現實主義是一種無火之焰。
在樸素的大自然中，我看到這個道理：
生命的原則是愛護它的存在並堅定不移。
歷史學家應該心懷最廣泛的同情，
心裏充滿對他所贊同之人的熱愛。
——《回憶錄》

每個人都待在內心生活的垣牆之內不出來。
這是一種奇特的羞怯。
人們展示自己的惡癖與貪欲，
並不像展示靈魂的悲劇那樣臉紅。
——《母與子》

只有極平凡的人才從來不祈禱。

他們不懂得堅強的心靈需要在自己的祭堂中潛修默煉。

——《約翰·克利斯朵夫》

感覺到周圍太空虛的人是不幸的，
假如從他的靈魂中不能升起一支有力的歌，
克服沉默的恐怖！

——《羅蘭與梅森堡的通信》

當人們把過去的偉人當成做人的模範，
我跟他們是有些疏遠的。

——《先驅者》

誰知道一個人可以自欺到什麼程度？
人們不願正視自身的隱憂。

——《母與子》

每個人都用自己的形象去看世界。
心中無生氣的人看到的是枯萎的宇宙，
他們不會想到年輕的心中充滿期待、希望和痛苦的呻吟；
即使想到，他們也冷著心腸，
帶著倦於人世的意味，含譏帶諷地把他們批判一番。

——《約翰·克利斯朵夫》

人通過別人，

看見自己。

——《母與子》

無疑地，一個人必須以夢想充實人間的空虛，
而不是那些從未表達的思想。

——《羅蘭與梅森堡的通信》

每個人都有他的隱藏的精準。
和任何其他人的精準不同，
它使人具有自己的氣味。

——《母與子》

人往往自以為自己是不可或缺的……
其實沒有一個人是不可缺少的。

——《母與子》

人到處都一樣，應當忍受，
不該一味固執，跟社會做無謂的鬥爭；
只要心安理得，我行我素就行了。
正如貝多芬所說：
「若是我們把自己的生命力在人生中消耗了，
還有什麼可奉獻給最高尚、最完善的東西？」

——《約翰・克利斯朵夫》

羅曼・羅蘭的
自白語錄

我的父母都很健壯，

我們的家族也一直都很健康、強壯⋯⋯

他們每個人都有著高大健壯的體魄，

保持著老而彌堅的活動力，

承續了毫無缺點且持久的韌力，

直至他們生命的最後一天⋯⋯

他們不知休憩地勞頓與試煉，

自然孕育出一代代健碩的家族。

然而，在我幼年時所發生的一件意外，

卻令我抱憾終生。當時我未滿一歲，

由於年輕女傭的疏忽，

將我遺忘在正值嚴冬的寒冷當中。

我幸而未死，

卻留下支氣管炎與呼吸困難的毛病伴我一生。

——《內心的旅程》

我從她那邊得到一個「啟示」，

這個啟示就發生在她渡過這整個人生的最高瞬間。

我和她彼此相繫時純潔無瑕的擁抱，

其神聖的意義即充滿人性的「憐憫之心」。

——《內心的旅程》

我出生時，
克拉麥五萬居民的視野都只侷限於鄰近兩個州的中央──
奧克歇爾與尼維爾涅。
對他們來說，通往巴黎的道路
就如同今天前往紐約或莫斯科的旅程般遙遠。
對於外國的事物，
他們所知道的絕不比參加西巴斯托玻里或蘇非利諾戰役的
士兵所說的還多。
──《克拉麥‧莫斯科》

・羅曼‧羅蘭的父母親

我有一雙藍色的眼睛，

是尼維爾涅地方一個溫和敏銳的小孩。

在我還是個孩子的時候，

我一邊品嘗著過往的甜美，

一邊傾聽著心中迴響的，

如我們土地上的白色牛群一樣，

在柔軟肥沃的土地上優閒地劃下足跡，

溜達前行的高拉・布洛寧美妙的歌聲。

　　——《內心的旅程》

母親一直在內心毫無感覺的地方抵抗著，

並想突破她覺得好像快要窒息而死般的不祥之感。

母親的果斷總能戰勝任何事物。

在法國，

女性的堅強常常填補了她們在法律上的低劣地位。

不論男女，

真正想要擁有自己所希望的東西之人，

便可以實現其願望。

　　——《內心的旅程》

可惜，

文學當中沒有可與從音樂中汲出的能源相比擬的東西。

如果你不更加深讀音樂，

將多麼令我引以為憾啊！

因為音樂家是真誠的朋友。

我希望能向你傳達巴雷斯提那、

羅蘭‧迪‧拉休或休茲的悲劇式力量，

內心的信仰、斷然以及勇氣等。

他們是約翰‧賽巴斯丁‧巴哈，

以及被人誤解的莫札特、西札兒‧法蘭克等人的祖先。

——《一九〇一年　給蘇菲亞的信》

「但是，我要怎樣才能活下去？

我不相信上帝，也不相信自己。」

「必須靠你自己否定自己！」

「否定」和「肯定」一樣，

都是一種對生命的確認。

只有「欺騙虛偽」才是屬於死亡，

只有欺蒙自己和精神上的怯懦才是真正的死亡……

——《內心的旅程》

・羅曼・羅蘭新婚時期的家

母親寫道：

「不要被英國或義大利女孩的美麗所迷惑，

不要讓她們傷害你的心！」

多麼純潔無瑕的話語呀……

母親一定希望兒子回國吧？

雖然她看著、做著事的時候不甚認真，

但仍然在意，即使持續不了多久。

母親總是只關心孤獨的自己。

——《給母親的信》

一八八七年前往法蘭德斯、比利時、

荷蘭、萊因地方的夏季旅行，

對我來說，是面對世界而打開的一扇窗……

——《回憶錄》

我比我的學生更加珍惜每一堂課，

這是我的原則。

教育別人是教育自己的最好的方法。

——《回憶錄》

戰爭就要來臨……

就讓它等到休假結束後再來吧！

我必須再看一次我的群山、樅樹林中紫色的影子，

再聞一次樹脂的香味，

再聽一次像海一樣的輕聲細語……

清涼醉人的氣體飲料……

我必須再一次體會自然之心在我心中鼓動的感覺。

再給我四個月的和平、四個月的永恒……

——《回憶錄》

一八九九年五月十八日，

留奈・波初次演出我的《理性的勝利》。

對於年輕的演員來說，那是非常好的演出……

老是擔心多雷佛斯事件會從各個角色中被喚醒的檢驗官，

把以下的話列為「危險」而刪除了——

法貝爾：「只要有一種不正，就會使人類不正！」

歐普當：「為所有人的幸福而做的惡，

已經不是不正，而是正義。」

我們還是說了這些話。

後來想要彈壓，但為時已晚……

——《回憶錄》

隨著社會主義的啟示滲透我的內心，
大量的喜悅也湧進我的心頭。
——《回憶錄》

如今相愛的兩人分離，
是因為我們不希望為其它東西而犧牲我們兩個人的生活，
也因為我們生活的目標是對立的。
——《給路易‧基雷的信》

結婚，兩人互抱著希望的最初幾年，
我的生活並沒有什麼不好。
小小的喜悅、失望、好笑，
或者奇異且有時悲傷的日子裏，
我們像兄妹般彼此傾訴。
我們還以相同的眼光批判這個社會。
我的妻子有觀察與剖析心理的天分，
這一點與我一致，也與我互補。
——《回憶錄》

．荷蘭的風車　羅曼・羅蘭於29歲那年曾為反法西斯主義而到荷蘭訪問。

一八九六年十一月二十七日，

我和正義派的加布略‧莫諾一起

從我岳父家的晚餐會出來。

這著實令我大吃一驚。

莫諾對於現在的兩大罪行——

亞美尼亞的屠殺與多雷佛斯的被判有罪，

認為是由歷史學的誠實訓練所培養出的勇氣與靈敏。

啊！我真希望雨果能夠重生！

像他那種性格的人如果敢於發言，

一定可以感動沈溺於卑劣的盲目及野蠻的民眾之心。

左拉繼承了雨果那無敵的角色，

想要以他那英雄式反抗的呼聲震撼世界……

——《回憶錄》

即使明日羅伯斯庇爾再度在法國執政，

我也不會擁戴他。

這就像雪尼爾早已死了一樣。

這個想法，

在一九〇〇年時是如此，

到了一九二二年的今天，

依然沒有改變。

——《羅蘭寫給馬提耶的信》

在歐洲與所有國家主義覺醒的這個時期，

特別是在這法德對抗，

彼此積怨最深的時候，

為什麼我要從貝多芬的國度選擇小說的主人翁呢？

況且我也曾經說明，

貝多芬的國家對我來說，

並不是德國人的國家。

我的朋友！你們說你們愛法國，

你們的愛也實在太謙遜（太謹慎）了！

我可不像你們那樣謙遜，

我不會因為自己的法國而念念不忘萊茵河左岸的地方。

我是站在你們謙遜之愛心的立場上提出辯駁的。

——《我為什麼讓約翰‧克利斯朵夫當德國人》

偉大作家的初期作品，

對喜愛作家的思想之人來說，

特別有意思。將初期作品的不成熟，

與作者的理性更能謹慎運作時的較成熟之作品互相比較，

往往可以更加認清作者的內在實體。

——《斯湯達爾與音樂》

在巴黎長時間一起生活的我們（羅蘭和里爾克）的

命運雖然很不可思議，

但我們仍抱持著希望。

我倆一同住在瑞士，

但最後還是生死兩隔。

那時里爾克住在穆左得山莊，

我住在雪魯鎮。

我常常走在通往山莊的石路上……

總是照顧我的里爾克，

卻死於瓦魯門療養院。

當時我住在威魯奴威山莊，

站在窗邊眺望，

看到了從人世的桎梏和痛苦中解放出來的

里爾克之靈魂朝著夕陽籠罩的黃金般的山谷飛去。

在里爾克與人間苦痛搏鬥的最後幾天，

與他最親近的我，

對他不幸的命運和孤傲的靈魂，

有了更深的了解。

他沉默地長眠著……

——《回憶里爾克》

你寫給我的，

有關親愛的安內德的信，

深深地震撼了我。

在許多女性（認同我書中之劇情的許多女性）心中，

我敏銳且充滿熱情。

至於男性，

就連高爾基也寫了一封文情並茂的信告訴我，

他極為敬服《安內德和席魯威》中的真理。

而能證明我的先見者，

除了佛洛依德外，別無他人。

但是，我親愛的朋友卻深深打擊了我的心，

因為那些對我充滿好意的男友（他們極力讚揚我）

和在女性心中所起的戲劇化反應，

是那麼令人無法理解；

同時，在男性的內心深處，

竟也對女性這種戲劇化的轉變感到興趣，

祇是他們不自知罷了。

最令人感到吃驚的是男性的自私自利……

——《寫給A・茉莉的信》

偉大的法則，

遠離外觀的混亂，

非常堅定地支配著民眾和社會。

因為它順應著萬物的大潮流，

所以我一點也不擔心。

我在這新社會，

不單為社會形態調整了自己，

而且也在思想、藝術及行動上，

改變了原本的生活。

這股勢力愈來愈增強了。

這偉大的潮流，

若你不從這古老閉塞的西方家庭走出來，

就無法感受得到。

但是，要到何時，

人們才能在美麗的早晨，

察覺這已改變的現實？

人類一直進步著，

也因此才有文化遺留下來。

為人母的瑪爾威塔就是你們兩人的姊妹，

我每每想起就感動不已。

　　——《一九三一年　給蘇菲亞的信》

我因紀德的《蘇俄紀行》，

對你們的憤怒有了正確的認知。

實際上，這本書並不好。

它平凡、充滿恐懼、沒有內容而淺薄；

孩子們閱讀以後，更會充滿矛盾；

人們也因這本書而感到倉皇失措。

所以，這絕不是一本好書⋯⋯

不過，與其說紀德太過熱中，

倒不如說是蘇俄的敵人濫用了他的名聲所致。

敵人除了時時警戒著蘇俄，

同時還為了實現自己惡意的企圖，無所不用其極。

雖然我在蘇俄拜訪紀德時，曾公開指責他，

但我對他個人並未感到憤怒。

不過，他腳踏兩條船的做法令我憤怒不已。

還在蘇俄時，

他曾幾度表明自己既無感情的牽絆，

亦不想博得讚許。

但一回到法國，

他卻以自稱為「誠實」的言語，

暗地裏中傷蘇俄⋯⋯

——《批判紀德《蘇俄紀行》的信》

我並不認同君王在歷史上的價值。

即使是在君王尋求信仰之道（或教導）

或轉世投胎而永存於人間的歷史上亦然。

神有權利撰寫歷史，

而歷史亦有順應這項權利的義務──

要忠實地服從，

充滿良知、嚴正，並徹底執行。

但近來的歷史，

連那點義務也無法達成。

所以，如果你將這樣的歷史奉為寶典，

就犯了極大的錯誤。

對現今的人和我而言，

寶典應該是新鮮且具有真實感，

洋溢著蓬勃的朝氣。

人物的相貌更加明確，

素質更加清新且富於魅力，

是任何（不論是藝術或信仰）不明確及乏味的敵人。

──《給克萊德的信　一九四四年五月九日》

就像大多數世人一樣，

我們也有著掩飾自己的真實之虛偽。

但與其苟延早就捨棄的感情，

不如直接承受痛苦，

誠意地離婚較好——我們兩人都喜歡如此。

我衷心地同情她，

並且覺得幸福或想要永遠幸福的想法令我受不了。

她對人生要求人生所不能給，

反倒自己不得不給人生的東西，

那就是——幸福。

只想著要幸福的靈魂注定是悲劇性的。

　　——《給瑪爾威塔的信》

八月一日，星期六早上，得知鳩烈斯被暗殺……

一位擁有偉大的知性且具有高潔之心靈的人。

我以一種同情（他的內心充滿善意和人情味）和

反感（他的政治態度曖昧，是社會主義中的機會主義者）

相混的奇妙情愫尊敬他。

但毋庸置疑，他是法國社會主義者中唯一的政治家。

　　——《戰時的日記》

·開始執筆寫《約翰·克利斯朵夫》

·《越過戰爭》的校對稿

作品賞析

約翰・克利斯朵夫
（1901～1912）

作品簡介

　　《約翰・克利斯朵夫》凡120萬字，共十卷，是作者10年歲月的心血的結晶。

　　前三卷（《黎明》、《清晨》、《少年》）敘述了克利斯朵夫少年時代的生活，描寫他的感官與感情的覺醒。家庭生活的貧困、富人子弟的欺侮使他第一次面對不平等的社會。極富音樂天賦的克利斯朵夫14歲便已嶄露頭角，在公爵府中任樂師。由於性格倔強，屢屢冒犯公爵，克利斯朵夫終於被趕出爵府。擔任貴族小姐彌娜的家庭鋼琴教師期間。師生之間產生了純真的愛情。然而彌娜的母親以門第、地位為由無情斬斷了這縷初戀的情絲。此後，克利斯朵夫又與鄰居、20歲新寡少婦薩皮娜相戀，然命運乖傑：克利斯朵夫外出旅行時，薩皮娜不幸患病而死。克利斯朵夫後來又邂逅一帽店女職員阿達並與之共嘗禁果。儘管克利斯朵夫努力說服自己去真誠地愛阿達，然而阿達卻在一次郊遊中與克利斯朵夫之弟苟且，嘲弄了克利斯朵夫，使克利斯朵夫痛苦不堪，並決心與之分手。

　　第四、五卷（《反抗》、《市場》），描寫年輕的克利斯朵夫像西格弗里德（華格納歌劇中的理想主人公）一樣，天真、專橫與過激，橫衝直撞地去討伐當時社會與藝術的謊言，揮舞著唐吉訶德式的長矛，去攻擊騾夫、小吏、磨坊的風車和德、法兩國的市場。忠實於藝術、忠實

於生活的克利斯朵夫與冷酷、虛偽的資本主義社會現實發生了一系列的衝突，其結果是克利斯朵夫作品音樂會的失敗，是付梓的樂譜無人問津。

在一次鄉村舞會上，克利斯朵夫以滿臉正義感挺身而出保護一位受到三位普魯士大兵調戲的少女，並失手打死了一位大兵，終於被迫離開德國，前往心中向往已久的藝術之都——巴黎，以屬求藝術發展的新天地。然而橫流的人欲、萬能的金錢、無恥的政客、商品化的藝術、腐化墮落的上流社會與庸俗、頹廢、勢利的文藝界，使克利斯朵夫產生更大的失望，使之遭受更大的挫折。克利斯朵夫不墜青雲之志，堅持自己的理想與藝術追求。雖然不為人所理解。但他全心全意地鑽研音樂藝術，迸發出前所未有的創作激情。在挫折與奮鬥中，克利斯朵夫變得愈來愈堅強，漸漸走向成熟。一次偶然的機會，克利斯朵夫結識了年輕詩人奧里維。兩人一見如故，自此成為莫逆。

六、七、八卷（《安多納德》、《戶內》、《女朋友們》）和前面的熱情與憤世疾俗相對比，是一片溫和恬靜的氣氛，詠嘆友誼與純潔愛情的悲歌。第六卷追敘了與克利斯朵夫失之交臂的女友安多納德的故事。安是銀行家耶南之女。仗義疏財的耶南因受投機商之騙而破產自殺。安母攜帶兒子奧里維與女兒安多納德舉家遷往巴黎謀生。不久安母積勞成疾而病故，安則犧牲了自己的青春與幸福，以聖潔的靈魂供養弟弟讀書直至高等師範大學。安後因克

利斯朵夫送票去看戲而被雇主解雇。一次克利斯朵夫路遇安，卻被人群衝散，克利斯朵夫亦為馬車撞傷。

　　此後，克、安二人想思苦戀卻無處尋找，因克並不知安即奧里維之姊。然而亦在此時，安卻因患急症不癒而辭別人世。第七卷寫克利斯朵夫與奧里維相互支持、理解，同甘共苦的感人情誼，描寫生活於兩人周圍的巴黎貧民區中普通人的勤勞；善良、正直的美德。這一切，與上流社會的醜惡形成鮮明的對比。第八卷《女朋友們》則主要描寫克利斯朵夫生活中所接觸的一些女性，尤其是克利斯朵夫與女演員弗朗索瓦絲的一段戀情。此時的克利斯朵夫經由一家大報的捧場而走紅，頓時成為名噪巴黎的大音樂家。面對突如其來的成功，克利斯朵夫既興奮，又痛苦，因為他並未為人真正理解。

　　第九、十卷。寫的是克利斯朵夫生命中途的大難關，是懷疑與破壞性極強的「情慾」的狂飆，是內心的疾風暴雨，差不多一切都要被摧毀了，但結果仍超於清明高遠之境，透出另一世界黎明的曙光。

　　第九卷《燃燒的荊棘》中描寫19、20世紀初，形形色色的主義與思想紛紛登台，蠱惑著人心。克利斯朵夫雖然對此抱著懷疑主義的態度，然而行動的迫初需要使他投身於社會變革與工人運動。五一那天，他動員奧里維同去參加遊行。結果在與警方的衝突中，奧受傷致死，克利斯朵夫毆死一警察，不得不逃離巴黎，寄居於朋友勃羅姆家

中。勃氏夫婦熱情接待他，然而克利斯朵夫卻屈服於卑劣的情慾，與朋友之妻阿娜產生了不正當的關係。其後，克利斯朵夫內心為疚責、痛苦與羞愧所煎熬，並企圖自殺，結果未遂。阿娜精神失常，克利斯朵夫離開了勃羅姆家。

第十卷《復旦》描寫了克利斯朵夫晚年的生活。克利斯朵夫重返巴黎，受到熱烈歡迎。過去的故人也吹捧他，反而年輕人疏遠了他。克利斯朵夫回憶起自己青年時代的挫折，對青年作曲家倍加扶持與獎掖。暮年的克利斯朵夫又一次在愛情上遭受挫折。此時的克利斯朵夫由絢爛歸於平淡。他懺悔一切，寬恕一切。在死神的召喚聲中，他寧靜地回顧與總結了自己不斷奮鬥又不斷受挫的不平凡的一生，冷眼旁觀喧嘩紛擾的聖世與汲汲於功名利祿的云云眾生，頓悟出這樣一個人生的哲理：人世間一切是非得失、苦樂悲歡，皆為相對，一切榮華富貴、官場情場，皆如過眼煙雲。而惟有人類大同的理想，人與人之間的友愛與理解，人與萬物、人與自然的和諧與水乳交融，才是人類幸福與歡樂的鴻泉。在《歡樂頌》一般莊嚴神聖的音樂聲中，克利斯朵夫欣悅的靈魂緩緩地升入天國。

〔韋遨宇敘述〕

小說片段

流光慢慢的消逝。晝夜遞嬗，好似汪洋大海中的潮

汐。幾星期過去了，幾個月過去了，周而復始。循環不已的日月仍好似一日。

有了光明與黑暗的均衡的節奏，有了兒童的生命的節奏，才顯出無窮無極，莫測高深的歲月。——在搖籃中作夢的渾噩的生物，自有他迫切的需要，其中有痛苦的，也有歡樂的；雖然這些需要隨著晝夜而破滅，但它們整齊的規律，反像是晝夜隨著它們而往復。

生命的鐘擺很沉重的在那裡移動。整個的生物都湮沒在這個緩慢的節奏中間。其餘的只是夢境，只是不成形的夢，營營擾擾的斷片的夢，盲目飛舞的一片灰塵似的原子，令人發笑令人作惡的眩目的旋風。還有喧鬧的聲響，騷動的陰影，醜態百出的形狀，痛苦，恐怖，歡笑，夢，夢……

一切都只是夢……而在這渾沌的夢境中，有友好的目光對他微笑，有歡樂的熱流從母體與飽含乳汁的乳房中流遍他全身，有他內部的精力在那裡積聚，巨大無比，無知無覺，還有沸騰的海洋在嬰兒的微軀中洶洶作響。誰要能看透孩子的生命，就能看到湮埋在陰影中的世界，看到正在組織中的星雲，方在醞釀的宇宙。兒童的生命是無限的。它是一切……

歲月流逝……人生的大河中開始浮起回憶的島嶼。先是一些若有若無的小島，僅僅在水面上探出頭來的岩石。在它們周圍，波平浪靜，一片汪洋的水在晨光熹微中展佈

開去。隨後又是些新的小島在陽光中閃耀。

　　有些形像從靈魂的深處浮起，異乎尋常的清晰。無邊無際的日子，在偉大而單調的擺動中輪迴不已，永遠沒有分別，可是慢慢的顯出一大串首尾相連的歲月，它們的面貌有些是笑盈盈的，有些是憂鬱的。時光的連續常會中斷，但種種的往事能超越年月而相接……

　　江聲……鐘聲……不論你回溯到如何久遠，──不論你在遼遠的時間中想到你一生的哪一刻，──永遠是它們深沉而熟悉的聲音在歌唱……

　　夜裡，──半睡半醒的時候……一線蒼白的微光照在窗上……江聲浩蕩。萬籟俱寂，水聲更宏大了；它統馭萬物，時而撫慰著他們的睡眠，連它自己也快要在波濤聲中入睡了；時而狂噪怒吼，好似一頭噬人的瘋獸。然後，它的咆哮靜下來了：那才是無限溫柔的細語，銀鈴的低鳴，清朗的鐘聲，兒童的歡笑，曼妙的清歌，迴旋繚繞的音樂。偉大的母性之聲，它是永遠不歇的！它催眠著這個孩子，正如千百年來催眠著以前的無數代的人，從出生到老死；它滲透他的思想，浸潤他的幻夢，它的滔滔汩汩的音樂，如大氅一般把他裹著，直到他躺在萊茵河畔的小公墓上的時候。

　　鐘聲復起……天已黎明！它們互相應答，帶點兒哀怨，帶點兒淒涼，那麼友好，那麼靜穆。柔緩的聲音起處，化出無數的夢境，往事，慾念，希望，對先人的懷

念，──兒童雖然不認識他們，但的確是他們的化身，因為他曾經在他們身上逗留，而此刻他們又在他身上再生。幾百年的往事在鐘聲中顫動。多少的悲歡離合！──他在臥室中聽到這音樂的時候，彷彿眼見美麗的音波在輕清的空氣中蕩漾，看到無掛無礙的飛鳥掠過，和暖的微風吹過。一角青天在窗口微笑。一道陽光穿過簾帷，輕輕的瀉在他床上。兒童所熟識的小天地，每天醒來在床上所能見到的一切，所有他為了要支配而費了多少力量才開始認得和叫得出名字的東西，都亮起來了。瞧，那是飯桌，那是他躲在裡頭玩耍的壁櫥，那是他在上面爬來爬去的菱形地磚，那是糊壁紙，扯著鬼臉給他講許多滑稽的或是可怕的故事，那是時鐘，滴滴答答講著只有他懂得的話。室內的東西何其多！他不完全認得。每天他去發掘這個屬於他的宇宙：──一切都是他的。──沒有一件不相干的東西：不論是一個人還是一個蒼蠅，都是一樣的價值；什麼都一律平等的活在那裡：貓，壁爐，桌子，以及在陽光中飛舞的塵埃。一室有如一國；一日有如一生。在這些茫茫的空間怎麼能辨得出自己呢？世界那麼大！真要令人迷失。再加那些面貌，姿態，動作，聲音，在他周圍簡直是一陣永遠不散的旋風！他累了，眼睛閉上了，睡熟了。甜蜜的深沉的瞌睡會突然把他帶走，隨時，隨地，在他母親的膝上，在他喜歡躲藏的桌子底下，……多甜蜜，多舒服……

這些生命初期的日子在他腦中蜂擁浮動，宛似一片微

風吹掠，雲影掩映的麥田。

　　陰影消散，朝陽上升。克利斯朵夫在白天的迷宮中又找到了他的路徑。

　　清晨……父母睡著。他仰臥在小床上，望著在天花板上跳舞的光線，真是氣味無窮的娛樂。一忽兒，他高聲笑了，那是令人開懷的兒童的憨笑。母親探出身來問："笑什麼呀，小瘋子？"於是他更笑得厲害了，也許是因為有人聽他笑而強笑。媽媽沉下臉來把手指放在嘴上，叫他別吵醒了爸爸；但她睏倦的眼睛也不由自主的跟著笑。他們倆竊竊私語……父親突然氣沖沖的咕嚕了一聲，把他們都嚇了一跳。媽媽趕緊轉過背去像做錯了事的小姑娘，假裝睡著。克利斯朵夫鑽進被窩屏著氣。……死一般的靜寂。

　　過了一會，小小的臉又從被窩裡探出來。屋頂上的定風針吱呀吱呀的在那兒打轉。水斗在那兒滴滴答答。早禱的鐘聲響了。吹著東風的時候還有對岸村落裡的鐘聲遙遙呼應。成群的麻雀，蹲在滿繞長春藤的牆上聒噪，像一群玩耍的孩子，其中必有三四個聲音，而且老是那三四個，吵得比其餘的更厲害。一隻鴿子在煙突頂上咯咯的叫。孩子聽著這種種聲音出神了，輕輕的哼著唱著，不知不覺哼的高了一些，更高了一些，終於直著嗓子大叫，惹得父親氣起來，嚷著：「你這驢子老是不肯安靜！等著吧，讓我來擰你的耳朵！」於是他又躲在被窩裡，不知道該笑還是該哭。他嚇壞了，受了委屈；同時想到人家把他比作驢子

又禁不住要笑出來。他在被窩底下學著驢鳴。這一下可挨了打。他迸出全身的眼淚來哭。他做了些什麼事呢？不過是想笑，想動！可是不准動。他們怎麼能老是睡覺呢？什麼時候才能起來呢？

有一天他忍不住了。他聽見街上好像有隻貓，有條狗，一些奇怪的事。他從床上溜下來，光著小腳搖搖晃晃的在地磚上走過去，想下樓去瞧一下；可是房門關著。他爬上椅子開門，連人帶椅的滾了下來，跌得很痛，哇的一聲叫起來；結果還挨了一頓打。他老是挨打的！……

他跟著祖父在教堂裡。他悶得慌。他很不自在。人家不准他動。那些人一起念念有詞，不知說些什麼，然後又一起靜默了。他們都擺著一副又莊嚴又沉悶的臉。這可不是他們平時的臉啊。他望著他們，不免有些心虛膽怯。鄰居的老列娜坐在他旁邊，裝著兇惡的神氣，有時他連祖父也認不得了。他有點兒怕，後來也慣了，便用種種方法來解悶。他搖擺身子，仰著脖子看天花板，做鬼臉，扯祖父的衣角，研究椅子坐墊上的草稈，想用手指戳一個窟窿。他聽著鳥兒叫，他打呵欠，差不多把下巴頦兒都掉下來。

忽然有陣破布似的聲音：管風琴響了。一個寒噤沿著他的脊梁直流下去。他轉過身子，下巴擱在椅背上，變得很安靜了。他完全不懂那是什麼聲音，也不懂它有什麼意思：它只是發光，漩渦似的打轉，什麼都分辨不清。可是聽了多舒服！他彷彿不是在一座沉悶的舊屋子裡，坐在一

點鐘以來使他渾身難受的椅子上了。他懸在半空中，像只鳥，長江大河般的音樂在教堂裡奔流，充塞著穹窿，衝擊著四壁，他就跟著它一起奮發，振翼翱翔，飄到東，飄到西，只要聽其自然就行。自由了，快樂了，到處是陽光……他迷迷糊糊的快睡著了。

祖父對他很不高興，因為他望彌撒的時候不大安分。

〔傅雷譯〕

作品賞析

《約翰·克利斯朵夫》系法國現代作家羅曼·羅蘭（1866～1944）的代表作品。它以德國音樂家貝多芬為原型，採用交響曲式結構，敘述了一個貝多芬式的英雄與天才音樂家個人奮鬥的一生，抒發了作者人道主義與自由、平等、博愛、和平的理想。譯文選自第一卷《黎明》，雖然文本篇幅不長，但內蘊豐厚，極富暗示與象徵，最能體現羅曼·羅蘭在語言形式上的獨特風格與大膽創新。

閱讀此書若調動視聽能力，即音樂家之耳與畫家之眼，或可讀出某種意想不到的境界。所選文本所呈現的，乃是一個流光溢彩、充滿各種音響的世界。作者以極富詩意的象徵運思行文，筆下宛如一部優美的交響音樂，一首充滿深刻哲理的交響詩。

細讀文本，我們會發現主導意象的結構宛如交響樂中

的回旋曲式結構。其主部主題是作為大自然的象徵的音響符號「江聲」與「鐘聲」，它們暗示出人類存在的廠裡的時間與空間。反覆出現的語詞，如「流光慢慢消逝」、「晝夜遞嬗」、「周而復始」、「循環不已」、「歲月流逝」、「輪迴不已」、「鐘聲復起」等，不儘其所指本身含有回環往復之義，而且這些語詞的能指的對位以及出現的頻率都體現出回旋的形式：主部主題→副部主題→主部主題→副部主題→主部主題。副部主題則是作為人的象徵的聲畫符如「生命的鐘擺」、「兒童生命的節奏」、「不成形的夢」、「喧鬧的聲響」、「陰影」、「歡笑」、母親的「細語」、「曼妙的清歌」、「回旋繚繞的音樂」等等。主部與副部依次展開，此起彼伏，首尾相接。這種回旋結構突出與強化了主題動機的哲理蘊涵，畫龍點睛般地點出了「人生代代無窮已，江月年年只相似；不知江月待何人，但見長江送流水」的時空哲學與生命哲學。

作為由音響構成的旋律，其變化不儘絢麗多彩，層次豐富，如江聲「江聲浩蕩」、「水聲更宏大」、「萬籟俱寂」、「時而撫慰著他們的睡眠」、「時而狂嘯怒吼，好似一頭噬人的野獸。然後，它的咆哮靜下來了」，而且還可疊化出畫面，如「柔緩的聲音起處，化出無數的夢境，往事，慾念，希望，對先人的懷念」，再如：「人生的大河中開始浮起回憶的島嶼」、「有些形象從靈魂深處浮起」。聲畫交融，相得益彰。江水象徵自然與自然之力，

它可以摧毀一切生命，亦是孕育一切生命有機體之母，是生命萬物之源與歸宿；江水還與鐘聲一起象徵時間與空間，如孔子云：「逝者如斯」、如阿波利奈爾云：「夜幕降臨，鐘聲復起／歲月流逝，而我依依」。時間與空間乃人類生存之場所。在文本中，人的聲畫與自然的聲畫對稱和諧，共振共鳴，此起彼伏，互應互答。如，首先是搖藍中兒童生命的節律與晝夜遞嬗的規律相對稱；其次是，在鐘聲、自然、音樂聲、鳥鳴聲、水斗滴答聲、定風針的吱呀聲的感應下，孩子「彷彿眼見美麗的音波在輕清的空氣中蕩漾，看到無掛無礙的飛鳥掠過」，「他高聲笑了」，「輕輕地哼著唱著」、「不知不覺哼的高了一些，更高了一些，終於直著嗓子大叫」。這一對稱與和諧、這一水乳交融，暗示出克利斯朵夫天賦的對音樂、對大自然的感受力，暗示出他是自然之子，自然的精靈，也暗示出人與自然之間的關係所應達到的和諧與融合境界。

作為專制權力結構象徵的符號的父親，在文本中並不理解孩子的音樂天賦，並將孩子的即興咏唱粗暴地斥為「驢鳴」，並對孩子施以老拳。這一伏筆並非虛設，它暗示出日後克利斯朵夫作為音樂家在父系社會中所遭受的冷遇與挫折。篤信宗教的祖父將小克利斯朵夫帶進教堂，然而天堂的誘惑與地獄的恐怖同樣不同攫住孩子聖潔如玉、自然質樸的心靈。唯有管風琴奏出的「長江大河般」的音樂能使這個極富靈性的孩子如痴醉，能帶著他在音樂藝術

的天國中「自由」、「歡樂」地翱翔,「到處是陽光」。這又是一處伏筆,隱約包含了第十卷《復旦》中《歡樂鎮》樂章中的基本主題。如果說這裡是第十卷結尾《歡樂頌》主題的濫觴,那麼第十卷便是這一主題的高潮與再現:人類相互友愛,不再有壓迫與奴役,到處充滿自由、平等與人類大同的陽光,到處是自然人的和諧與歡樂。

　　副部主題中還有人作為人的象徵的嬰兒主題動機,這一主題的內涵極為複雜與深厚。「光明與黑暗」、「夢境與現實」、「歷史與未來」,共同交織結構成了嬰兒的自然純樸的混沌狀態。而作者對這一混沌狀態以及在此狀態中浮沉的人類史前記憶、人類集體無意識與個人無意識的描述,則採用了印象派繪畫大師莫奈在名畫《日出印象》中的表現手法。作者選用的語言如「無窮無極」、「莫測高深」、「渾噩」、「營營擾擾的斷片的夢」、「盲目飛舞的原子」、「眩目的旋風」、「騷動的陰影」、「浮起回憶的島嶼」、「在陽光中閃耀」、「天已黎明」、「一道陽光穿過窗帷」等,構成了一幅絢麗朦朧、若隱若現、撲朔迷離的畫面。嬰兒雖然質來無瑕,然而卻是一個人類無法解開的謎,它是道與非道、理性與非理性、原始慾望與生命衝動的無序的排列組合。嬰兒雖然柔弱似水,然而「內部的精力在那裡積聚、巨大無比」。「還有沸騰的海洋在嬰兒的微軀中汹汹作響。」嬰兒雖然無知無能,然而卻運載與積淀著人類文明的歷史:兒童雖然不認識先人,

怀的確是他們的化身，因為他曾在他們的身上逗留，而此刻他們又在他身上再生。因為「兒童乃人類之父」（華滋華斯），故而能閱盡人間滄桑；因為「兒童無知而無不知，無能而所不能」（列子），故而「專氣致柔，能嬰兒乎」（老子）實在是東西方古典哲學中不二的高真境界；反璞歸真，回歸自然，回歸童心。面對西方文明的窮途末路、面對世界大戰的陰霾，作者高奏一曲童心的頌歌；惟有童心能夠抵救文明世界於末日，惟有它能夠泯滅恩仇，化干戈為玉帛，令人類「捐棄前嫌，携手相愛」（雨果）。因此，誰就能參透孩子生命的玄機，誰就能看到湮埋在陰影中的世界，看到正在組織中的星雲，方在醞釀中的宇宙，因為兒童的生命是無限的。它是一切。一如上述回旋曲形式結構，這裡的印象派繪畫手法的形式結構，亦在能指與所指的層面上達到與所暗示的哲理內涵珠聯璧合、天衣無縫的境界。尤其是，嬰兒這一副部主題動機同時在聲與畫的層面上和諧展開，令人想起德彪西的交響音畫《大海》的審美效果。作家將語這、音樂；繪畫形式在敘事作品中融匯貫通，其匠心之獨運，令人擊節。

　　羅曼・羅蘭畢生追求人類大同的人道主義理想，而音樂語言、繪畫語言與詩歌語言恰恰是表達這一理想的最好形式載體，因為它們是超越了民族文他差異、種族差異，超越了歷史、現實與未來的時間界限，超越了地域疆界的空間隔閡的人類共同語同、世界性語言，因而它們才有極

強的生命力和穿透力，才能夠撼人心扉。羅曼‧羅蘭對此從未懷疑過。羅曼‧羅蘭自己是天才，是英雄，才能譜寫出如此美妙的驚天地、泣鬼神的交響音畫；自己是大智大慧者，才能吟咏出如此空靈澄澈的不朽的哲理詩篇。——在此，我們不能不感激傳雷先生同樣不朽的傳奇神譯筆。

羅曼・羅蘭
簡略年譜

- 一八六六年　一歲

　　一月二十九日，羅曼‧艾德姆‧保羅‧艾米爾‧羅蘭誕生於法國中部尼微魯涅縣的克拉姆西。其父艾米爾‧羅蘭，與祖先三代都是律師。其母安特瓦列‧瑪莉庫羅是律師的女兒，鐵匠的孫女。

- 一八六八年　二歲

　　妹妹瑪德蓮誕生。友人休列斯（～一九四八）、亞倫（～一九五一）、克萊德（～一九五五）、高爾基（～一九三六）於是年誕生。

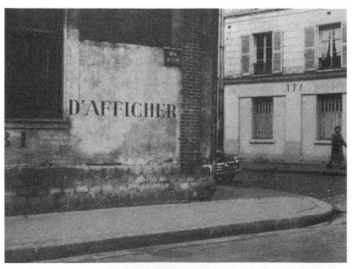

- 羅蘭出生的艾可爾‧諾馬街

・一九六九年　三歲

　　紀德（～一九五一）誕生。

・一八七〇年　四歲

　　七月，普法戰爭。九月，第二共和崩潰。

・一八七一年　五歲

　　巴黎自治區成立。

　　妹妹瑪德蓮於亞克遜海岸的旅館因白喉猝死，在年幼的羅蘭心中留下不可磨滅的印象。

　　瓦雷利（～一九四五）、布魯斯特（～一九二二）誕生。

・一八七二年　六歲

　　第二個妹妹誕生，亦命名為瑪德蓮。日後，她曾於甘

　・這是羅曼・羅蘭童年的照片

地、泰戈爾、尼赫魯來訪時擔任翻譯，並為羅蘭用英語朗誦。終其一生都未結婚，是羅蘭的得力助手。

- **一八七三年　七歲**

  進入克拉姆西學院（現為羅曼‧羅蘭學院）就讀。

- **一八七五年　九歲**

  開始喜歡並閱讀莎士比亞與科奈的作品。

- **一八八〇年　十四歲**

  十月，為了讓羅蘭接受優良的教育，舉家遷往巴黎第五區托爾弄街十六號（不久又遷往蒙喬街三十一號）。父親將律師事務所轉賣，在巴黎的不動產銀行當一名低階僱員。十一月，羅蘭轉入聖路易高中就讀，學習修辭學與哲學，至一八八二年為止。

- **一八八二年　十六歲**

  氣管衰弱的羅蘭遷往依傑爾縣的阿爾巴爾休養。九月，初次前往瑞士旅行。

- **一八八三年　十七歲**

  夏天，到瓦雷縣休埃的丹‧米迪山麓拜訪母親的朋友（曾為女音樂家）。在前往馬爾坦的別墅途中，見到了停憩在拜倫旅館的大文豪雨果。這次會面給羅蘭留下深刻的印象。十月，為了準備高等師範學院的入學考試，轉到路易克蘭高中。宗教危機開始。

- **一八八四年　十八歲**

  中法戰爭，法軍封鎖台灣。

準備高等師範學院的入學考試。考試落榜，其後埋首於閱讀。再次遇見雨果。

・一八八五年　十九歲

五月二十二日，探望臨終時的雨果。六月一日，參加雨果的喪禮。閱讀托爾斯泰與杜斯妥也夫斯基的作品。撰寫〈關於哈姆雷特〉的短評。閱讀勒南的《雷米的祭司》。高等師範學院的入學考試再度落榜。舉家遷往米休雷街十三號。

・一八八六年　二十歲

法軍占領安南。

三月，觀賞舞台劇《哈姆雷特》。七月，以第十名的成績考取高等師範學院，十月入學。在宿舍，與安德列・休列斯同寢室。在共同生活的三十個月當中，休列斯對羅蘭思想上的影響，「比老師和書籍還要深遠。」十二月二十六日，拜訪勒南。

・一八八七年　二十一歲

宗教危機。四月，寫信給托爾斯泰。九月，第二次寫信給托爾斯泰。收到托爾斯泰的回信（十月四日）。著手撰寫論文《因為是真的，所以我相信》（四月十一日）。在第二學年放棄哲學與文學，轉讀歷史，並從基羅、加布利爾・摩諾及人文地理學的創始者比達爾・多拉・布拉休等教授的課程中學到了追求真理的神聖使命。與朋友休列斯的交往日益親密，他們的友情持續了半個世紀之久。經

常與休列斯或克萊德一同欣賞音樂會。從許多書本中發現俄羅斯文學的新鮮之處。

· 一八八八年　二十二歲

以政變為目標的布蘭基特運動盛行，羅蘭和許多學生一起署名反對——「盡可能走出校園，加入正進行中的歷史。」拜訪音樂家謝札爾·福蘭克。夏天，前往瑞士旅行。十月，完成《兒童之戀》一書，爾後毀棄。

· 一八八九年　二十三歲

高師畢業，並以第八名的成績（合格者九人）通過歷史學教授資格考試。夏，在凡爾賽，經由摩諾教授的介紹，認識了瑪爾威塔。考取了留學羅馬的獎學金。十一月前往義大利，住在法爾內宮三樓，並在梵諦岡的古書館研究十六世紀的法義關係。

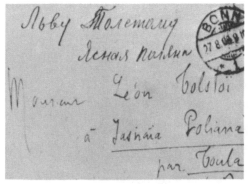

· 羅蘭寄給俄國文豪托爾斯泰的信

・一八九〇年　二十四歲

　　在梵諦岡的資料室研究羅馬王特派公使撒瓦提的回憶錄，並著書發表有關路易・德・貝爾康的最後經歷。在這段期間，還參觀了義大利各地以及美術館（佛羅倫斯、席那、西西里）。與年老的理想主義者瑪爾威塔深交。開始著手最初的戲劇《歐喜諾》、《安培道格拉斯》（未發表）。《歐喜諾》和初期的戲劇一樣，都是以義大利和文藝復興為題材。得到在一八八八年的學生時期所構思的《約翰・克利斯朵夫》──「音樂小說」的理念──的最初靈感。

・一八九一年　二十五歲

　　義大利生活的第二年。七月，在歸國途中，與瑪爾威塔至威尼斯、貝勒德旅行。

　　雖然希望擔任地方上的教師，但因身體虛弱，在巴黎休養了一年。為了《歐喜諾》在克梅迪・福蘭歐茲上演而活動，不幸失敗。開始著手《巴克里歐尼兄弟》、《尼歐貝》（未發表）。

・一八九二年　二十六歲

　　與葛羅吉兒・布雷耳（法蘭斯專科學校的古典語言學教授米歇爾・布雷耳的女兒）戀愛，十月結婚（縱使母親因為她是猶太人而反對）。夫妻倆為了搜集博士論文所需的資料，於十一月前往羅馬，住在西班牙廣場附近的比拉・迪兒・巴比諾一號，直到翌年復活節（春）為止。羅

蘭在聖賽西里亞圖書館發現了從未發表過的樂譜，特別是有關蒙特威爾第的，並收集有關戲劇起源的資料。

・一八九三年　二十七歲

　　暹羅（泰國）湄公河以東成為法領地。

　　就任巴黎高等學校教師。

　　著手寫《加里鳩拉》（未發表）。

・一八九四年　二十八歲

　　著手《聖路易王》與《曼特瓦的包圍》（未發表）。

・一八九五年　二十九歲

　　法國勞動總聯盟Ｃ・Ｇ・Ｔ創立。

・羅蘭1898年的日記

獲文學博士學位。主要論文為《近代抒情劇之起源——琉黎及斯卡拉地以前的歐洲歌劇史》、拉丁語論文《十六世紀義大利繪畫藝術衰落的原因》。前往比利時、荷蘭旅行。十月，代替丹尼爾・亞列比教授在約翰・巴地斯特・謝學校講授道德課程。十一月，成為母校教授藝術史的講師。初次接觸社會主義思想。

・一八九六年　三十歲

協助編輯《戲劇藝術》雜誌。專注於寫作《信仰的悲劇》。著手戲劇《沙布那羅》（一九五五年發表）與《約翰・德・皮安諾》。

・羅蘭攝於書房

・一八九七年　三十一歲

與妻子前往羅馬旅行。與唐諾基歐會面。與路易・基蕾開始交往。初次發表戲劇《聖路易王》（《巴黎評論》三～四號）。執筆《艾爾特》（一八九八年發行）、《被擊敗者》（一九二二年發表）。

・一八九八年　三十二歲

在大眾的政治熱高漲時，聽約翰・喬雷斯與鳩爾・蓋德等人的演說。根據多雷佛斯事件激發出的構想，以法國革命之下的祖國防衛戰為題材，在多雷佛斯事件熱浪下的十五天中完成戲劇《群狼》，五月十八日上演，用森・鳩斯特的假名發表，由貝奇所經營的G・貝萊書店出版。執筆《丹頓》等等一系列《法國革命戲劇》。戲劇《艾爾特》發表（《戲劇評論》三～五月號）。

・一八九九年　三十三歲

協助《巴黎評論》雜誌，特別是戲劇、音樂評論方面的編寫。擔任世界博覽會比較史會議音樂研究部門的幹事。召集民眾戲劇委員會，十一月舉行第一次會議。到柏林旅行，與里海特・史特勞斯會面。出版戲劇《理性的勝利》，六月十一日上演。本劇以吉倫特黨的沒落為題材。發表《十七世紀的宗教劇》、《托里斯坦》等評論。

・一九〇〇年　三十四歲

四月，外祖父艾德姆・克勞（約翰・克利斯朵夫中休茲老人的化身）逝世。五月，再度到羅馬旅行。開始與法

蘭西斯・鳩爾當交往。《丹頓》於年底上演。執筆論文《理想主義的毒害》，戲劇《拉蒙提斯龐》、《三人所愛戀的女子》。

・一九○一年　三十五歲

二月，與葛羅吉兒離婚。暫時遷往父母的居所。隨後在蒙帕那斯大道上的小公寓開始單身生活──「我真實的精神生活誕生於一九○一年～○二年之間」。協助編輯《音樂史與音樂評論》雜誌（一九○四年）。探訪貝多芬在蓬恩出生時的家以及在維也納死去時的家，並參加馬英茲的貝多芬紀念音樂會。論文《馬英茲的貝多芬紀念音樂會》（最初關於貝多芬的論文）。與托爾斯泰第四次通信。

・一九○二年　三十六歲

四月，與瑪爾威塔在羅馬最後一次碰面。五月，在梭爾蓬尼街的高等市民講座講授音樂史（至一九一一年為止）。出版戲劇《七月十四日》（三月二十一日在盧涅桑斯劇場，由傑米耶擔綱演出）。發表傳記《米勒傳》（只有英文版）。

・一九○三年　三十七歲

四月，瑪爾威塔去世。《貝多芬傳》收到極大的回響。發表戲劇《即將來臨的時代》、論文集《民眾劇論》。

・一九〇四年　三十八歲

　　將高等師院的講座移至巴黎大學，成為巴黎大學藝術史的講師。逐漸將授課重點放在音樂上，並開始在文學部講授音樂史。《約翰・克利斯朵夫》第一卷〈夜明〉、第二卷〈早晨〉。

・一九〇五年　三十九歲

　　前往亞賽斯・羅瑞涅旅行。結識休拜查、李克塔貝爾鳩、布留尼艾爾等人。發表《約翰・克利斯朵夫》第三卷〈青年〉、論文《音樂都市──巴黎》、傳記《米開朗基羅》。

・一九〇六年　四十歲

　　《約翰・克利斯朵夫》第四卷〈反抗〉、《米開朗基羅》。

・一九〇七年　四十一歲

　　三～四月，往西班牙旅行。拜訪莎士比亞的出生地（史特拉福）。《約翰・克利斯朵夫》第五卷《市民廣場》、第六卷〈安多納德〉，評論集《古時的音樂家》、《今日的音樂家》。

・一九〇八年　四十二歲

　　發表《約翰・克利斯朵夫》第七卷〈家中〉。

・一九〇九年　四十三歲

　　發表《約翰・克利斯朵夫》第八卷〈女朋友們〉、《法國革命劇集》。

・一九一〇年　四十四歲

十一月二十日，托爾斯泰逝世。

開始與J・R・布魯克交往。十月二十八日在巴黎被汽車撞倒，因手腕與左腳重傷，臥床三個月。《約翰・克利斯朵夫》第九卷〈燃燒的荊棘〉、音樂家評傳《韓德爾》。

・一九一一年　四十五歲

第一次巴爾幹戰爭（大戰的預兆）。

病後為了靜養，於二月二十三日前往義大利。同年夏在瑞士度過，嘗試再次治療骨折。協助拉維涅克的《音樂百科辭典》之製作。《約翰・克利斯朵夫》第十卷〈新生活〉（完結篇）、《托爾斯泰傳》。

・一九一二年　四十六歲

為了專心創作而辭掉巴黎大學的教職。協助編輯《瑞士評論》。撰寫《斯湯達爾全集序文》。在肯歇爾瓦多華爾所編之《音樂百科辭典》中，擔任十八世紀義大利歌劇篇之執筆。

・一九一三年　四十七歲

二月二十七日，一九一〇年時的車禍訴訟獲勝，得到兩萬五千法朗的賠償金。四～九月，停留於瑞士。執筆《高拉・布洛寧》。六月，以《約翰・克利斯朵夫》贏得阿卡迪米文學獎。開始與茲拜克、里爾克交往。前往羅馬旅行。戲劇《信仰的悲劇》刊行。

・一九一四年　四十八歲

　　三月，遷至巴黎波安那特街的公寓居住。六月，前往瑞士旅行。於瓦培獲得大戰的訊息。因身體虛弱且過了兵役年齡，未回法國，停留於瑞士，並致力於和平運動。發表《越過戰爭》等反戰論文。協助國際紅十字會所屬之「俘虜事務局」，從事聯繫俘虜與其家屬之間的通信連絡事務。

・一九一五年　四十九歲

　　開始與赫曼・赫塞、卡爾・休比泰勒、安德爾・魯那查斯基等人交往。與基雷絕交。獲諾貝爾文學獎，獎金全額捐給法國及瑞士的國際慈善組織。

・一九一六年　五十歲

　　協助安利・基爾保創刊《明日》雜誌（至一九一八年

・羅曼・羅蘭的作品在世界各國的不同版本

十月最後一次出刊為止）。為了挽救里爾克殘留於巴黎的財產，與紀德、高更一同協助里爾克。開始與高爾基交往。

・一九一七年　五十一歲

二月，俄國革命爆發。

發表稱讚俄國革命的論文《給自由的解放者——俄羅斯》（三月一日）。收到列寧一同前往俄國的邀約電報。執筆戰時某人之自由良心的故事《克勒蘭堡》。

・一九一八年　五十二歲

戰爭行將結束，發表給美國總統威爾遜的公開信。論文《亞格里頓的安培道格拉斯與憎惡的時代》、戲劇《黎留里》、小說《皮耶與盧斯》。

・一九一九年　五十三歲

六月，凡爾賽和約簽定。法國下議院，右派勢力占上風。

一月，於《由馬尼鐵》報發表關於卡爾・里普克涅希特與羅沙・路克山布魯克虐殺事件的直接評論。因母親病重，重回闊別五年的巴黎。五月十九日，母親辭世。六月，於《由馬尼鐵》報，與知識分子、作家千餘人一同署名發表「精神之獨立宣言」。八月，寄信給泰戈爾。與巴那得・休爭論。發表小說《高拉・布洛寧》（一九一三年開始執筆）、關於十八世紀的音樂論文集《昔日之國的音樂之旅》、政治論文集《先驅者》（一九一五年～一九年

之論文集）。

・一九二〇年　五十四歲。法國社會黨分裂，多數派創設
　了共產黨

　　刊行以第一次世界大戰為背景的兩部小說《克勒蘭
堡》與《皮耶與盧斯》。

・一九二一年　五十五歲

　　四月三十日出發前往瑞士。與巴比斯和馬鐵爭論。

・一九二二年　五十六歲

　　遷往日內瓦威魯奴威的歐加山莊（四月。直至
一九三八年五月為止）。與泰戈爾成為朋友，開始來往。
《被蠱惑的靈魂》第一卷〈安內德與席魯威〉、戲劇《被
擊敗者》。

・瑞士日內瓦歐加山莊的大門

・一九二三年　五十七歲

　　為出席第一屆作家俱樂部而前往倫敦（五月）。協助
《歐洲》雜誌創刊。《被蠱惑的靈魂》第二卷〈夏〉、
《甘地傳》。

・一九二四年　五十八歲

　　前往維也納旅行，與里海特・史特勞斯會面。訪問布
拉格。與甘地開始來往。論文《悼列寧之死》，自傳《內
心的旅程》。

・一九二五年　五十九歲

　　前往德國旅行。刊行戲劇《愛與死的追逐》。

・一九二六年　六十歲。

　　法西斯主義抬頭。

・羅蘭的臥室

《歐洲》雜誌製作《羅曼‧羅蘭六十歲紀念號特集》。刊行《羅曼‧羅蘭諸友人的書》（高爾基、茲拜克、迪亞米爾合編）。泰戈爾、涅魯來訪（五月）。與巴比斯一同籌劃反法西斯主義的國際委員會。戲劇《花之復活節》。

・一九二七年　六十一歲

　　歐洲第一屆反戰反法西斯主義委員會創立。

　　愛因斯坦擔任會長，巴比斯與羅蘭擔任司儀，主持第一次反法西斯主義集會。於維也納的貝多芬百年紀念會上演講《對貝多芬的感謝》。《被蠱惑的靈魂》第三卷〈母與子〉。

・羅曼‧羅蘭與泰戈爾合照

‧一九二八年　六十二歲

　　《貝多芬研究》第一卷〈從耶路伊卡到阿帕林那塔〉。戲劇《獅子座流星群》。

‧一九二九年　六十三歲

　　《印度的神祕精神與行為Ⅰ》、《羅摩‧克里斯納傳》刊行。

‧一九三〇年　六十四歲

　　貝多芬研究第二卷《歌德與貝多芬》、《印度的神祕精神與行為Ⅱ》、《維威卡南傳與世界福音》刊行。

‧一九三一年　六十五歲

　　父親辭世（六月十六日）。甘地來訪（十二月）。執

‧一九三一年，印度聖雄甘地前來拜訪羅蘭

筆論文《史賓諾沙的閃光》。

・一九三二年　六十六歲

擔任阿姆斯特丹之世界反戰反法西斯主義大會會長（七月）。《被蠱惑的靈魂》第四卷〈一個世界之死〉、《與瑪爾威塔的往返書簡集》（德語版）、《西那里歐》、《機械的反抗》。

・一九三三年　六十七歲

希特勒執掌政權（一月三十日）。二月二十七日，國會放火事件。三月五日總選舉。共產黨員多數被捕。「民族革命」徹底化。四月，拒絕希特勒政府的辛丹布魯克元帥所頒贈的反法西斯主義委員會榮譽總裁（六月）。希特勒政府焚燒《越過戰爭》等書（十月）。《被蠱惑的靈

・一九三五年，羅蘭受邀赴莫斯科拜訪俄國作家高爾基

魂》第五卷〈分娩〉刊行。

・一九三四年　六十八歲

參與反法西斯主義實行委員會第一次宣言之簽署（與亞蘭、紀德、邦達、布勞克、卡司、笛卡兒、維爾多拉克一同）。與馬莉夫人結婚。

・一九三五年　六十九歲

送信給第一屆擁護文化國際作家大會（六月）。訪問蘇俄，滯留於高爾基家中（六月二十三日～七月二十一日）。政治論文集《鬥爭十五年》、《由革命而來的和平》刊行。

・一九三六年　七十歲

紀德等人為羅蘭舉辦七十大壽祝賀會（一月）。在巴黎人民戰線內閣支持下，《丹頓》、《七月十四日》演出成功（畢卡索、奧力克等人協助）。執筆《悼高爾基之死》、《評紀德蘇俄之行》。評論集《夥伴》刊行。

・一九三七年　七十一歲

《貝多芬研究》第三卷〈復活之歌〉。九月三十日，於故鄉附近的維佐萊購屋。

・一九三八年　七十二歲

離開瑞士，搬回維佐萊定居（五月三十一日）。兒童文學《瓦魯敏》刊行。

・一九三九年　七十三歲。

第二次世界大戰爆發。

配合法國革命一百五十週年紀念，於法蘭西斯劇院上演《愛與死的追逐》（七月，羅蘭的宿願終於實現）。公開抨擊對德姑息政策（九月三日）。刊行法國革命劇末篇《羅伯斯庇爾》。於《歐洲》雜誌法國革命一百五十周年紀念號發表論文〈法國革命之必然性〉。

・一九四〇年　七十四歲

　　元月，巴黎淪陷。

　　於病床上專心撰寫最後的著作。

・一九四一年　七十五歲

　　與克萊德恢復交情。訪問巴黎。

・羅蘭晚年居住地維佐萊山丘

·一九四二年　七十六歲

由克萊德居間協調，與基雷恢復交往。

·一九四三年　七十七歲

九月，義大利投降。

《貝多芬研究》第四卷〈第九交響曲〉、第五卷〈最後的四重奏〉刊行。

·一九四四年　七十八歲

八月，巴黎解放。

為出席蘇聯大使館的革命紀念會（十一月七日）而前往巴黎。十二月三十日，於維佐萊與世長辭。葬禮於克拉麥的聖·馬爾坦教堂舉行。葬於布萊伍的歷代祖先墓地。傳記《貝奇》第二卷刊行。

羅曼·羅蘭逝世之後，巴黎的「羅曼·羅蘭之友會」著手進行羅蘭的書簡、日記等的編輯工作，包括給瑪爾威塔、路易·基雷、休德勞斯、休列斯、貝奇等人的信件，學生時代的日記，留學羅馬時給母親的信（兩卷），給蘇菲亞的信（兩卷），與泰戈爾的往返書信，《十六世紀義大利繪畫的頹廢》（博士副論文），給阿魯逢達·賽勒的書信集。

其它尚有《貝多芬研究》第六卷〈戲未結束〉（一九四五年）、第七卷〈貝多芬的情人們〉（一九四九年），自傳《門檻》（一九四五年），《周航》

（一九四六年），《日記——從《約翰‧克利斯朵夫》到《高拉‧布洛寧》》（一九四七年），《羅曼‧羅蘭給一個反抗鬥士的信》（一九四七年），《印度——日記選粹》（一九五一年），《戰時的日記——一九一四～一九》（一九五三年），《與赫曼‧赫塞的往返書信集》（一九五四年），《與約翰‧波坦的往返書信集》（一九五五年），《回想錄》（一九五六年），《與留涅‧波的往返書信集》（一九五七年），《內心的旅程》（增補版）（一九五九年）。

‧羅曼‧羅蘭長眠於布萊伍的墓園

國家圖書館出版品預行編目資料

羅曼羅蘭格言集，林郁主編，
　初版，新北市，新視野 New Vision，2019.09
　　面；　公分 --
　　ISBN 978-986-97840-6-1 （平裝）
1.羅蘭（Rolland, Romain, 1866-1944）2.格言

192.8 　　　　　　　　　　　　　　 108010907

羅曼羅蘭格言集

主　　編　林郁
出　　版　新視野 New Vision
製　　作　新潮社文化事業有限公司
　　　　　電話 02-8666-5711
　　　　　傳真 02-8666-5833
　　　　　E-mail：service@xcsbook.com.tw

印前作業　東豪印刷事業有限公司
印刷作業　福霖印刷企業有限公司

總 經 銷　聯合發行股份有限公司
　　　　　新北市新店區寶橋路 235 巷 6 弄 6 號 2F
　　　　　電話 02-2917-8022
　　　　　傳真 02-2915-6275

初版一刷　2019 年 10 月